NOUVEAU COD
2025-

MW00914823

Prêt à décrocher votre permis ? "Nouveau Code de la Route 2025-2026" est bien plus qu'un guide : c'est votre partenaire pour maîtriser les règles de la route avec sérénité. Débutant ou en quête d'une remise à niveau, ce livre vous accompagne pas à pas vers la réussite. Prenez le volant de votre apprentissage et avancez avec confiance. Ensemble, atteignons vos objectifs !

© Copyright Nouveau Code de la Route 2025-2026

Tous droits réservés

Bienvenue dans Le Nouveau Code de la Route 2025-2026–
votre compagnon idéal pour devenir un conducteur confiant et
responsable en un temps record !

Que vous débutiez sur la route ou que vous souhaitiez mettre à
jour vos connaissances, ce livre vous guide pas à pas. En seulement 10 jours, maîtrisez les bases essentielles grâce à une mé-
thode structurée, des conseils pratiques et des quiz quotidiens
pour évaluer vos progrès.

Découvrez tous les aspects clés : signalisation, règles de circulation, gestion des urgences et conduite écologique. Plus qu'un
simple guide, cet ouvrage vous prépare à réussir votre examen
et à adopter une conduite sûre et respectueuse.

Prenez le volant de votre apprentissage et avancez avec assurance vers la réussite. Bonne route !

SOMMAIRE

RÈGLES DE CIRCULATION

RÈGLES DE CIRCULATION

Le fait de placer, tenter de placer un objet, ou d'utiliser ou tenter d'utiliser tout moyen susceptible d'entraver ou de gêner la circulation sur une voie publique est passible de deux ans d'emprisonnement, d'une amende de 4 500 euros et entraîne automatiquement la perte de six points sur le permis de conduire.

Le conducteur responsable de cette infraction peut également se voir imposer une peine complémentaire : la suspension du permis de conduire pour une durée maximale de trois ans. Cette suspension peut être limitée à la conduite hors du cadre professionnel. En cas d'utilisation d'un véhicule pour commettre l'infraction, celui-ci peut être immobilisé et mis en fourrière sur décision des autorités compétentes.

Marche normale

En situation de conduite normale, tout conducteur doit circuler en maintenant son véhicule au plus près du bord droit de la chaussée, dans la mesure où l'état ou le profil de celle-ci le permet. Si la voie de droite est réservée à une catégorie spécifique de véhicules, le conducteur doit emprunter la voie immédiatement adjacente.

Lorsqu'il y a une circulation dense sur toutes les voies, chaque conducteur doit respecter une distance de sécurité suffisante.

Les règles à suivre sont les suivantes :

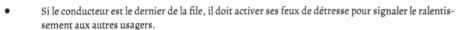

- Rester dans sa file de circulation.

- Changer de file uniquement pour préparer un changement de direction, à condition de le faire sans danger ni gêner les autres usagers.

- Dépasser les véhicules immobilisés dans une autre file est autorisé et ne constitue pas un dépassement au sens strict.

- Si le conducteur est le dernier de la file, il doit activer ses feux de détresse pour signaler le ralentissement aux autres usagers.

Circuler

Quand la voie est à double sens et qu'il n'y a pas de délimitations, il faut toujours circuler le plus à droite possible sur la chaussée.

Quand la chaussée est délimitée, il faut circuler au centre de la voie la plus à droite hors voies réservées. Les autres voies sont pour la circulation en sens inverse et le dépassement.

Il peut avoir le plus à droite des voies réservées à des catégories d'usagers spécifiques comme les vélos, le bus, les véhicules lents... On ne peut pas rouler sur ces voies. Ces voies sont délimitées par des traits larges et indiquées par des panneaux spécifiques.

Exemples de panneau qui indique les voies réservées :

 Voie réservée aux véhicules de transport en commun

 Voie réservée aux tramways

Voie réservée aux véhicules lents (circulant à moins de 60 km/h)

 Piste ou bande obligatoire pour les cycles

Changer de direction

Tout conducteur qui prévoit de changer de direction doit impérativement avertir les autres usagers de son intention. Cela s'applique notamment dans les situations suivantes :

- Se déplacer vers la gauche.

- Traverser la chaussée.

- Reprendre sa place dans la circulation après un arrêt ou un stationnement.

Tout manquement à cette obligation entraîne automatiquement la perte de trois points sur le permis de conduire.

Se placer

Pour tourner à droite

Il faut serrer à droite. Pour un véhicule encombrant, il faut serrer à gauche.

Attention:

- A ceux qui viennent de droite, au cas où il y aurait un dépassement.

Donc il y aurait une voiture qui roule en sens inverse sur la voie que l'on veut emprunter.

- Aux deux roues qui pourraient se faufiler du côté où l'on tourne.

Pour tourner à gauche

Il faut serrer à gauche dans la voie.

Sur une chaussée à sens unique, on se place dans la voie la plus à gauche.

Sur une chaussée à double sens avec trois voies, on se place dans la voie du milieu.

Quand 2 usagers souhaitent tourner à gauche, selon le marquage au sol il faut se croiser :

 En se contournant

 A l'indonésienne

Plusieurs voies pour une même direction

Si plusieurs voies permettent d'aller dans la même direction, il faut toujours sélectionner celle qui est la plus à droite.

Voie de stockage

Le conducteur désirant tourner à gauche se place dans la voie qui a des flèches orientées vers la gauche.

Voie de de décélération

Pour emprunter une voie de décélération, il faut :

- circuler sur la voie de droite

- avertir les autres usagers suffisamment à l'avance

- ne réduire son allure qu'une fois sur cette voie si possible.

Ronds-points

La règle générale oblige de circuler à droite. Mais il est possible de serrer à gauche si l'on sort à gauche de l'axe d'entrée.

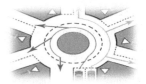

Autoroutes et Routes accès règlemente

L'autoroute est une chaussée à sens unique, sans intersection et aménagée pour des liaisons rapides. Elle est délimitée par ces panneaux.

Les routes à accès réglementé sont soumise aux mêmes règles que l'autoroute. Ce type de route n'est pas toujours à sens unique et comporte parfois des intersections. Elle est délimitée par ces panneaux.

Usagers interdits pour les autoroutes et les routes à accès réglementé

L'accès est interdit aux usagers qui ne peuvent pas circuler à une allure soutenue :

Interdiction sur les autoroutes et les routes à accès réglementé

En cas d'urgence, on peut s'arrêter sur la bande d'arrêt d'urgence. Sinon il existe des aires de repos pour s'arrêter et stationner.

L'autoroute peut être à péage. Le péage peut être placé à la sortie ou à l'entrée de l'autoroute. Le montant dépend de la distance, de l'autoroute et de la catégorie d'usagers.

Chaque station de péage peut présenter plusieurs voies. Certaines voies peuvent être fermées.

On peut trouver différentes voies ouvertes par rapport au mode de paiement :

| Auprès d'un péagiste | Par carte bancaire | Automatique par pièces de monnaie | Par abonnement (pour les poids lourds) | Par abonnement (Télé-péage) |

Vitesse maximale autorisée

La vitesse maximale permet de rouler en toute sécurité. Pour vérifier que tout le monde le respecte, des radars fixes ou mobiles sont installés sur les routes.

La vitesse d'un véhicule équipé de pneus avec crampons (clous) est limitée à 90 km/h.

Dans un tunnel, un panneau peut imposer une vitesse minimale au conducteur.

Sur autoroute, il est interdit de rouler à moins de 80 km/h sur la voie de gauche dans des conditions de circulation ordinaires.

	Condition normale de circulation	Jeune conducteur / Pluie ou autres précipitations	Visibilité inférieure à 50 m
Agglomération ne s'applique pas aux lieux dits COURPIERE	50	50	50
Hors agglomération 2 voies en double-sens sans séparateur central CHAMPEIX	80	80	50
Hors agglomération Au moins 2 voies dans un même sens de circulation CHAMPEIX	90	80	50
Portions de route à 2 chaussées séparées avec un terre-plain central dont autoroute et route à accès réglementée	110	100	50
Autoroute	130	110	50

Temps de réaction

C'est le temps qui s'écoule entre la perception d'un signal ou d'un événement et l'action qui y répond :

- La rétine est impressionnée par la lumière rouge du feu stop

- Le nerf optique transmet cette information au cerveau

- Le cerveau analyse l'information et prend la décision de freiner

- L'ordre est transmis par les nerfs moteurs jusqu'aux muscles de la jambe droite

- Les muscles déplacent le pied droit vers la pédale de frein puis le pied commence à enfoncer la pédale

- La pression du pied est transmise jusqu'aux roues où les freins commencent à agir

Le temps de réaction moyen d'un conducteur est de 1 seconde. La consommation d'alcool, la fatigue, la prise de médicaments ou la consommation de drogues augmentent ce temps de réaction.

On peut calculer en mètres la distance parcourue pendant le temps de réaction d'une seconde en multipliant le chiffre des dizaines de la vitesse par 3 soit : La durée du temps de réaction peut être allongée si le conducteur est :

- à 30 km/h, 3 x 3 = 9 m

- à 50 km/h, 5 x 3 = 15 m

- à 60 km/h, 6 x 3 = 18 m

- à 90 km/h, 9 x 3 = 27 m

- à 110 km/h, 11 x 3 = 33 m

- à 130 km/h, 13 x 3 = 39 m

La durée du temps de réaction peut être allongée si le conducteur est :

- débutant

- âgé

- distrait

- fatigué

- sous l'emprise d'alcool

- sous l'emprise de drogue

- sous l'emprise de certains médicaments.

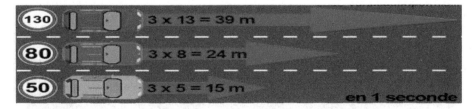

Distance de freinage

La distance de freinage est la distance parcourue entre le moment où le conducteur commence à appuyer sur la pédale de frein, et celui où le véhicule s'arrête .

Elle peut varier et être rallongée en fonction :

- de l'adhérence de la chaussée : pluie, neige, verglas, mauvais état de la chaussée

- de l'état du système de freinage : réglage, usure des plaquettes et des disques

- de l'état des amortisseurs

- de la pression des pneus

- de la pente de la chaussée

- du chargement du véhicule : bagages et passagers

- de l'expérience, de la technique et de l'état physique du conducteur. Sur une route mouillée la distance de freinage est doublée. Quand la vitesse double la distance de freinage est multipliée par 4.

Mathématiquement, la distance de freinage n'est pas fonction de la vitesse, mais du carré de la vitesse !

Par exemple : si je roule à 90 km/h , je vais 3 fois plus vite qu'à 30 km/h, mais les freins devront éliminer 9 fois ($3^2 = 3 \times 3 = 9$) plus d'énergie pour arrêter le véhicule.

Attention :

- L'ABS (anti-blocage des roues) ne permet pas de réduire les distances de freinage. Il permet seulement de ne pas bloquer les roues et de garder la maîtrise de sa trajectoire.

- Une adhérence divisée par deux entraîne une distance de freinage multipliée par deux. Par exemple, par temps de pluie, elle est doublée du fait d'une moins bonne adhérence.

- Une vitesse doublée entraîne une distance de freinage quadruplée

Distance d'arrêt

Cette distance correspond à la distance parcourue pendant le temps de réaction ajoutée à la distance de freinage.

Sur une route sèche, dans des conditions normales, on peut estimer la distance d'arrêt en multipliant par lui-même le chiffre des dizaines de la vitesse, soit :

- à 40 km/h, $4 \times 4 = 16$ m
- à 50 km/h, $5 \times 5 = 25$ m
- à 90 km/h, $9 \times 9 = 81$ m
- à 110 km/h, $11 \times 11 = 121$ m

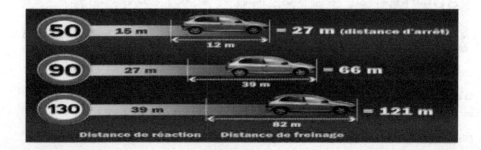

Distance de sécurité

La distance de sécurité correspond à l'intervalle qu'il convient de laisser avec l'usager qui nous précède.

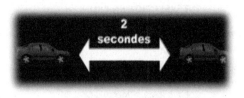

Elle ne peut en aucun cas être inférieure à la distance parcourue pendant le temps de réaction. Pour une bonne sécurité, il est obligatoire de laisser un intervalle minimum correspondant à la distance parcourue pendant deux secondes soit une seconde de réaction + une seconde de sécurité.

Le non-respect de cette distance de sécurité minimum donne lieu de plein droit à la réduction de trois points du permis de conduire. Il encourt également la peine complémentaire de suspension du permis de conduire pour une durée de trois ans au plus, cette suspension pouvant être limitée à la conduite en dehors de l'activité professionnelle.

On peut calculer approximativement en mètres la distance de sécurité en multipliant le chiffre des dizaines de la vitesse par 6, soit :

- à 50 km/h, 5 x 6 = 30 m
- à 60 km/h, 6 x 6 = 36 m
- à 90 km/h, 9 x 6 = 54 m
- à 110 km/h, 11 x 6 = 66 m
- à 130 km/h, 13 x 6 = 78 m

Dans le cas où le temps de réaction est plus élevé, la distance de sécurité doit être rallongée. En roulant, il est difficile d'apprécier la distance qui sépare deux véhicules. On peut utiliser différents repères comme le marquage au sol

Force centrifuge

La force centrifuge pousse le véhicule vers l'extérieur du virage. Cette force augmente :

- en fonction du carré de la vitesse ; pour une vitesse doublée, la force centrifuge est 4 fois plus importante ;

- en fonction de la masse du véhicule ; elle est inversement proportionnelle au rayon du virage : plus il est serré plus elle augmente

Pour bien prendre un virage :

- Ralentir avant de l'aborder

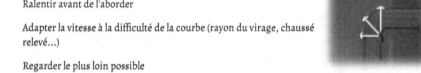

- Adapter la vitesse à la difficulté de la courbe (rayon du virage, chaussé relevé...)

- Regarder le plus loin possible

- Toujours posséder une réserve de puissance pour bien le négocier.

INTERSECTION ET PRIORITÉ

intersection

Lieu de jonction ou de croisement de deux ou plusieurs chaussées, quels que soient le ou les angles des axes de ces chaussées .

INTERSECTION EN CROIX

Les deux chaussées se croisent perpendiculairement.

INTERSECTION EN Y

Les deux chaussées se rejoignent tangentiellement.

INTERSECTION EN T

L'une des deux chaussées vient couper l'autre sans l a traverser

INTERSECTION À BRANCHES MULTIPLES

Plusieurs chaussées se rejoignent.

À l'approche d'un carrefour, chaque conducteur doit :

- S'assurer que la route à traverser est déga-gée ;
- Observer les actions des autres usagers ;
- Respecter les priorités établies ;

- Ajuster sa vitesse en fonction de la visibilité et des conditions ;
- Signaler son arrivée si cela s'avère néces-saire.

Dans un carrefour dépourvu de signalisation, la priorité à droite est la règle à suivre.

La voiture bleue cède le passage à la voiture beige qui arrive à sa droite

Le véhicule bleu tourne à gauche : il cède la priorité au véhicule rouge qui sera à sa droite

Ce panneau indique une intersection où il faut laisser la priorité aux véhicules venant de la droite. Un panneau semblable est placé sur chaque route qui accède à cette intersection.

Les véhicules doivent respecter la priorité à droite et l'ordre de passage est :

1 – voiture rouge

2 – voiture beige

3 – voiture bleue.

Les véhicules doivent respecter la priorité à droite et l'ordre de passage est :

1 – voiture bleue jusqu'au milieu de la chaussée

2 – voiture beige, derrière la voiture bleue ;

3 – voiture rouge

4 – voiture bleue qui termine

Routes prioritaires

Ce panneau signale que la route sur laquelle vous circulez est prioritaire à toutes les intersections. Il est placé au début de la route prioritaire et rappelé périodiquement :

- 50 mètres après une intersection pour informer les conducteurs rejoignant cette route ;
- Environ tous les kilomètres en ville et tous les 5 km hors agglomération.

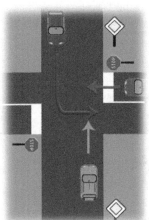

La voiture rouge et jaune sont sur une route à caractère prioritaire.

La voiture bleue a un panneau de "STOP".

Ordre de passage :

1 - La voiture jaune : Elle passe en premier.

2 - La voiture rouge : Elle doit passer après la voiture jaune, car elle coupe sa trajectoire. De plus elle quitte la route à caractère prioritaire.

3 - La voiture bleue : Que la voiture ait un "STOP" ou un "Cédez le passage", il doit attendre que la voie soit libre.

Ce panneau indique la fin de la priorité sur la route. En l'absence de toute autre signalisation, la règle de la priorité à droite doit être respectée.

La priorité ponctuelle

Ce panneau signale qu'à la prochaine intersection, les véhicules venant de la droite et de la gauche devront vous céder le passage. Cette priorité s'applique uniquement à cette intersection spécifique, c'est une priorité temporaire.

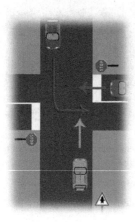

La voiture rouge et jaune bénéficie d'une priorité ponctuelle.
La voiture bleue a un panneau de "STOP".

Ordre de passage :

1 - La voiture jaune : Elle passe la première.

2 - La voiture rouge : Elle doit passer après la voiture jaune, car elle coupe sa trajectoire.

3 - La voiture bleue : Que la voiture ait un "STOP" ou un "Cédez le passage", il doit attendre que la voie soit libre.

Arrêt obligatoire à la prochaine intersection.

Panneau de signal avancé pour la signalisation d'un STOP

Le stop

Cette signalisation impose de :

STOP

Donc obligation de marquer l'arrêt et de céder le passage aux autres usagers.

● marquer l'arrêt, même en l'absence d'autres usagers, à la limite de la chaussée abordée

Le panneau Stop est accompagné d'une signalisation au sol : une large bande blanche.

● céder le passage aux véhicules venant de droite et de gauche

Il faut marquer l'arrêt au niveau de la ligne et non au niveau du panneau. L'avant du véhicule ne doit pas dépasser cette ligne.
Dans un sens unique, la bande blanche fait toute la largeur de la chaussée.

● s'arrêter au niveau de la ligne blanche sans la dépasser

Cédez le passage

Panneau de signal avancé pour la signalisation d'un **Cédez le passage**.

Cette signalisation impose de :

Cédez le passage

Donc obligation de céder le passage aux autres usagers. L'arrêt du véhicule n'est pas obligatoire.

● céder le passage aux véhicules venant de droite et de gauche, sans obligatoirement marquer l'arrêt

Le panneau "Cédez le passage" est accompagné d'une signalisation au sol : une ligne discontinue.

● s'arrêter si besoin au niveau de la ligne blanche discontinue sans la dépasser

Dans un sens unique, la ligne discontinue fait toute la largeur de la chaussée.

Le carrefour à sens giratoire

C'est une place ou un carrefour comportant un terre-plein central matériellement infranchissable, ceinturé par une chaussée à sens unique sur laquelle débouchent différentes routes. Il est annoncé par une signalisation spécifique.

Carrefour à sens giratoire. Donc cedez le passage aux usagers circulant sur l'anneau.

Panneau placé en signal avancé.

Cédez le passage

Panneau placé à l'entrée du carrefour à sens giratoire.

Le panneau Cédez le passage est accompagné d'une signalisation au sol une ligne discontinue.

Dans un sens unique, la ligne discontinue fait toute la largeur de la chaussée.

Carrefour sans signalisation

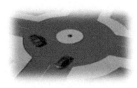

La règle de la priorité à droite s'applique ici : les conducteurs circulant dans le carrefour doivent céder le passage aux véhicules venant de leur droite.

Carrefour avec signalisation

Ce panneau signifie que les conducteurs entrant dans le rond-point doivent céder le passage aux véhicules déjà engagés, arrivant depuis leur gauche.

La voiture bleue doit céder le passage à la voiture rouge

CROISER ET DÉPASSER

Croisements :

À l'approche d'un croisement, chaque conducteur doit se positionner sur sa droite dans la mesure du possible, en tenant compte des autres usagers. En cas d'obstacle, il doit réduire sa vitesse et s'arrêter si nécessaire pour laisser passer les véhicules venant en sens inverse.

Croissement Dans une intersection

Lorsqu'une intersection se présente, deux véhicules tournant à gauche peuvent se dépasser par la droite.

Dans certains cas, un marquage au sol permet aux véhicules de se croiser par la gauche sans avoir à se contourner. Ces types de carrefours sont appelés « carrefours à l'indonésienne ».

Croissement difficile

Si la chaussée est rétrécie de chaque côté, et qu'un seul véhicule peut passer, la priorité est donnée au plus petit véhicule et le plus maniable.

Si la chaussée est rétrécie que d'un côté, c'est celui qui a l'obstacle de son côté qui doit céder le passage.

Le plus encombrant facilite le passage.

Exemple : voiture avec remorque ou caravane, camion.

Les transports en commun ont priorité de passage en agglomération.

Celui qui rencontre un obstacle sur sa voie doit céder le passage.

Croisement avec signalisation:

Une signalisation peut indiquer, dans certains cas de passages étroits, l'ordre de passage. Tous les usagers doivent réduire leur vitesse et, si besoin, s'arrêter ou se garer pour faciliter le passage d'un véhicule prioritaire

Croisement sur une chaussée en pente :

Lorsque, sur les routes de montagne et sur les routes à forte déclivité, le croisement se révèle difficile, le véhicule descendant doit s'arrêter le premier et ce, quelles que soient les dimensions du véhicule.

En cas de croisement impossible, un des deux véhicules doit faire marche arrière. Cette obligation s'applique :

- à un véhicule unique par rapport à un ensemble de véhicules
- au véhicule le plus léger des deux
- à un véhicule de transport de marchandises d'un poids total autorisé en charge supérieur à 3,5 tonnes par rapport à un véhicule de transport en commun.

Dépassements

Les dépassements doivent se faire par la gauche. Un conducteur peut utiliser la partie gauche de la chaussée pour dépasser, à condition de ne pas gêner les véhicules venant en sens inverse. Sur une route à double sens avec plusieurs voies, le dépassement ne doit pas se faire sur la voie la plus à gauche.

Dépasser en toute sécurité:

Le dépassement des véhicules doit TOUJOURS s'effectuer par la gauche.
Il est interdit de dépasser par la droite.

S'assurer que le dépassement est autorisé

Le conducteur doit vérifier qu'aucune interdiction de dépassement n'est signalée : panneau ou marquage au sol.

Visibilité suffisante

Le conducteur doit avoir une visibilité suffisante pour dépasser en toute sécurité : pas d'obstacle, de virage, ni d'autre véhicule arrivant en sens inverse.

Pas de dépassement déjà en cours

Avant de doubler, le conducteur doit s'assurer qu'aucun véhicule derrière lui n'essaie déjà de le dépasser. Il faut bien faire attention aux angles morts.

Avertir avec son clignotant

Le conducteur doit signaler son dépassement en mettant son clignotant gauche.

Il doit le laisser activé tout au long du dépassement.

Écart de vitesse de 20 km/h avec le véhicule dépassé

Il est nécessaire d'avoir une vitesse de 20 km/h supérieure au véhicule dépassé, tout en respectant la vitesse maximale autorisée.

Distances minimales de dépassement

Lors du dépassement d'un piéton ou d'un deux-roues, il est obligatoire de laisser au minimum un mètre en agglomération et 1,50 mètre hors agglomération.

Pouvoir se rabattre en sécurité

Une fois le dépassement effectué, le conducteur doit se rabattre sans obliger le conducteur dépassé à ralentir.

Pour cela, il doit actionner son clignotant droit et revenir sur la voie de droite uniquement lorsqu'il peut l'apercevoir dans le rétroviseur intérieur.

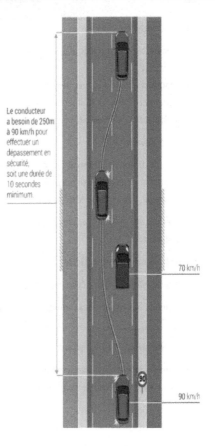

Le conducteur a besoin de 250m à 90 km/h pour effectuer un dépassement en sécurité, soit une durée de 10 secondes minimum.

70 km/h

90 km/h

Dépassements interdits :

La signalisation, qu'elle soit verticale ou horizontale, peut interdire les dépassements. Cependant, il existe des situations dangereuses où, même sans signalisation spécifique, le conducteur doit éviter de dépasser. En savoir plus !

Selon la signalisation horizontale

Ligne continue

Le dépassement n'est pas autorisé lorsque le marquage au sol est une ligne continue. À l'inverse, la ligne discontinue autorise le dépassement.

Ligne mixte

Dans le cas d'une ligne mixte, le dépassement est interdit pour les usagers circulant sur la voie avec la ligne continue de leur côté.

Flèches de rabattement

Le dépassement est interdit dès la première flèche de rabattement.

Si le conducteur est déjà en train de dépasser au niveau de la première flèche, il doit se rabattre au plus tôt, tout en veillant à le faire en sécurité.

Lignes de dissuasion

La ligne de dissuasion interdit de dépasser des véhicules circulant à une vitesse normale.

En revanche, elle autorise le dépassement des véhicules lents si la visibilité est suffisante.

Exception : Sur les voies rapides et autoroutes, la ligne de dissuasion présente à hauteur des sorties autorise le dépassement.

Selon la signalisation verticale

Panneau d'interdiction de dépasser pour les véhicules à moteur

Ce panneau interdit le dépassement de tous les véhicules à moteur, sauf les deux-roues sans side -car.

Panneau d'interdiction de dépasser pour les véhicules de transport de marchandises

Ce panneau interdit le dépassement pour les véhicules de transport de marchandises dont le PTAC (poids total autorisé en charge) est supérieur à 3,5 tonnes, sauf les deux-roues sans side-car.

Fin d'interdiction

Ces panneaux annoncent la fin de l'interdiction de dépasser.

Selon l'environnement

A l'approche d'une intersection

Si l'usager s'approche d'une intersection où il n'est pas prioritaire, il n'a pas le droit de dépasser.

A l'approche d'un passage à niveau sans barrière

Il est interdit de dépasser à l'approche d'un passage à niveau sans barrière.

A l'approche d'un virage ou d'un sommet de côte

Il est interdit de dépasser à proximité d'un virage ou d'un sommet de côte si la route est à deux voies en double sens car le manque de visibilité ne permet pas de le faire en sécurité.

Dépassements autorisés

Dépassements autorisés

Le dépassement est autorisé dans les intersections :

- où j'ai la priorité de passage
- dont le franchissement est réglé par un feu de signalisation tricolore.

Le dépassement est aussi autorisé :

- aux traversées de voies ferrées munies de barrières ou de demi-barrières ;

- quand, sur une chaussée à plus de deux voies, une ligne continue est située au-delà de la deuxième voie et que l'on peut dépasser sans franchir cette ligne ;

- en cas de ligne mixte avec la ligne discontinue immédiatement à gauche du véhicule.

La ligne à traits rapprochés, dite « ligne de dissuasion », remplace la ligne continue dans les portions de routes étroites. Le dépassement d'un véhicule roulant lentement est autorisé si les conditions de visibilité le permettent.

Lorsque, sur les routes à sens unique et sur les routes à plus de deux voies, la circulation s'est, en raison de sa densité, établie en file ininterrompue sur toutes les voies, le fait que les véhicules d'une file circulent plus vite que les véhicules d'une autre file n'est pas considéré comme un dépassement.

L'ARRÊT ET LE STATIONNEMENT

Définition de l'arrêt

L'arrêt se définit comme l'immobilisation temporaire d'un véhicule sur la chaussée, uniquement le temps nécessaire pour faire monter ou descendre des passagers, charger ou décharger des marchandises. Le conducteur reste aux commandes ou à proximité, prêt à déplacer le véhicule si nécessaire.

Arrêt er

Lorsque l'arrêt est interdit, le stationnement l'est également. Ces interdictions, signalées par le panneau correspondant, s'appliquent jusqu'à la prochaine intersection, sauf indication contraire.

Lieux où il est interdit de s'arrêter :

- arrêt de bus ;
- voie de bus ;
- voie réservée aux cyclistes ;
- place réservée aux handicapés ;
- passage piéton ;
- bande d'arrêt d'urgence (sauf en cas de panne).
- Trottoirs dont la bordure est peinte d'une bande jaune continue

Lieux où il est autorisé de s'arrêter, mais interdit de stationner :

- devant les entrées carrossables des immeubles ;

- en double file ;

- sur les places prévues pour les voitures électriques ;

- sur les emplacements réservés aux véhicules de livraison.

Définition du stationnement

Il s'agit de l'immobilisation d'un véhicule sur la chaussée, en dehors des situations spécifiques définissant un arrêt.

Stationnement

Le stationnement n'est autorisé que dans des endroits bien définis :

- les parkings ;

- les emplacements prédéfinis.

ATTENTION : Le stationnement est considéré comme abusif quand l'usager stationne son véhicule plus de sept jours au même endroit, sauf indication contraire. Dans certains cas, cette durée peut être de moins de sept jours par arrêté municipal.

Cet abus est puni par l'immobilisation et la mise en fourrière du véhicule.

Lorsque le stationnement ou l'arrêt est interdit, des panneaux et/ou des marquages au sol le signalent

Stationner hors agglomération

De nuit	De jour
Des précautions supplémentaires sont requises. Sur une route, qu'elle soit dotée d'éclairage public ou non, les véhicules motorisés et leurs ensembles doivent être arrêtés ou stationnés avec :	Tout véhicule à l'arrêt ou en stationnement doit être positionné, dans la mesure du possible, hors de la chaussée. Si le stationnement est nécessairement sur la chaussée, il doit être orienté dans le sens de la circulation, sauf indication contraire :

De nuit :

- Les feux de position allumés à l'avant

- Les feux rouges arrière et ceux d'éclairage de la plaque d'immatriculation activés.

En l'absence d'éclairage public la nuit, l'arrêt ou le stationnement d'un véhicule motorisé sans signalisation appropriée entraîne la perte automatique de trois points sur le permis de conduire.

De jour :

- Pour les routes à double sens, stationnement à droite

- Pour les routes à sens unique, stationnement à droite ou à gauche.

Stationner en agglomération

De nuit	**De jour**
Les véhicules en arrêt ou en stationnement sur une chaussée sans éclairage public doivent être signalés de la manière suivante :	Un véhicule en arrêt ou en stationnement doit être positionné dans le sens de la circulation, sauf indication contraire :

De nuit

Les véhicules en arrêt ou en stationnement sur une chaussée sans éclairage public doivent être signalés de la manière suivante :

- À l'avant : feux de position allumés.
- À l'arrière : feux rouges et feux d'éclairage de la plaque d'immatriculation allumés.

Ces feux peuvent être remplacés par un feu de stationnement placé du côté opposé au bord de la chaussée. En agglomération, le signalement n'est pas requis si l'éclairage public permet une visibilité suffisante du véhicule.

De jour

Un véhicule en arrêt ou en stationnement doit être positionné dans le sens de la circulation, sauf indication contraire :

- Sur l'accotement, si l'état du sol le permet ;
- Pour les routes à double sens, stationnement à droite ;
- Pour les routes à sens unique, stationnement possible à droite ou à gauche.

Zone de stationnement interdit

- **Signalisation d'entrée et de sortie de zone**

Des panonceaux peuvent compléter les panneaux de stationnement pour définir la zone ponctuelle où le stationnement est interdit

Entrée de zone à stationnement interdit	Sortie de zone à stationnement interdit

- **Stationnement unilatéral**

Ce panneau indique que le stationnement est :

- Unilatéral alterné : il se fait sur un seul côté de la rue à la fois, en alternant.
- Semi-mensuel : du 1er au 15 du mois, le stationnement est autorisé du côté des numéros impairs des immeubles ; du 16 au dernier jour du mois, il est autorisé du côté des numéros pairs.

- **Stationnement gratuit à durée limitée**

Parking gratuit à durée limitée avec contrôle par disque

Entrée de zone a stationnement limitée avec contrôle par disque

- Stationnement payant à durée limitée

Il y a deux principaux types de paiement :

- le parcmètre : il faut introduire la somme correspondant à la durée choisie, la durée maximale étant indiquée sur l'appareil qui se trouve à proximité de chaque emplacement ;

- l'horodateur : contre paiement soit en monnaie, soit par carte, l'appareil délivre un ticket sur lequel figure l'heure limite de stationnement. Il faut placer ce ticket derrière le pare-brise, à droite et visible de l'extérieur.

 Parking payant a durée limitée limitée

 Entrée de zonz a stationnement payant a durée

Stationnement et arrêt dangereux

Tout véhicule à l'arrêt ou en stationnement doit être placé de manière à ne pas constituer un danger pour les usagers

L'arrêt et le stationnement sont considérés comme dangereux, lorsque la visibilité est insuffisante, notamment à proximité :

- d'une intersection

- d'un virage

- d'un sommet de côte

- d'un passage à niveau

Stationnement et arrêt gênants

Tout véhicule à l'arrêt ou en stationnement doit être placé de manière à gêner le moins possible la circulation.

L'arrêt ou le stationnement est considéré comme gênant :

- sur les trottoirs

- sur les passages ou accotements réservés à la circulation des piétons

- sur les emplacements réservés à l'arrêt ou au stationnement des véhicules de transport public, des taxis

- entre le bord de la chaussée et une ligne continue lorsque la largeur de la voie restant libre entre cette ligne et le véhicule est insuffisante et oblige les autres véhicules à franchir ou à chevaucher la ligne continue

- à proximité des signaux lumineux ou des panneaux de signalisation ;

- sur les emplacements où le véhicule empêche soit l'accès à un autre véhicule à l'arrêt ou en stationnement, soit le dégagement de ce dernier

- sur les ponts, dans les passages souterrains, les tunnels et sous les passages supérieurs

Question 1 / 10

À hauteur de cette intersection, je peux :

- tourner à droite :

A: Vrai   B: Faux

- tourner à gauche :

C: Oui   D: Non

Question 2 / 10

Dans cette situation :

-je laisse ce véhicule continuer sa manoeuvre

A: Oui   B: Non

- je klaxonne

C: Oui   D: Non

Question 3 / 10

Dans cette situation :

- je change de voie

A: Vrai   B: Faux

je m'arrête

C: Oui   D: Non

Question 4 / 10

La distance de sécurité avec le véhicule qui me précède est suffisante

A: Oui   B: Non

Question 5 / 10

Dans cette rue, je peux être amené à croiser :

-des voitures

A: Vrai   B: Faux

-des cyclistes

C: Oui   D: Non

Question 6 / 10

Je peux suivre le véhicule qui dépasse

A: Oui   B: Non

Question 7 / 10

Pour continuer tout droit :

A: Je reste dans cette voie.

B: Je me place à droite.

Question 8 / 10

J'ai un appel urgent à passer. Je m'arrête à droite :

- à cheval sur le trottoir

A: Oui   B: Non

- complètement sur le trottoir

C: Oui   D: Non

Question 9 / 10

Je circule sur une route :

A: Nationale

B: Départementale

Question 10 / 10

Je peux suivre le véhicule qui dépasse

A: Oui   B: Non

Q1: B et D/ Les panneaux d'interdiction indiquent qu'à cette intersection, je ne peux ni tourner à droite, ni tourner à gauche. Je peux seulement continuer tout droit.

Q2: A et D/ Ce véhicule est engagé sur ma voie de circulation. Je le laisse terminer sa manoeuvre, d'autant plus que le conducteur ne me regarde pas. J'ai eu le temps de l'anticiper, il n'y a donc pas de danger immédiat. En agglomération, l'usager du Klaxon est interdit, sauf en cas de danger immédiat.

Q3: A et D / Un véhicule est stationné à cheval sur le trottoir et empiète sur ma voie de circulation. Personne n'est engagé derrière moi sur la voie de droite, je peux donc me changer de voie, après avoir contrôlé dans l'angle mort droit qu'aucun usager ne se trouve à côté de moi.

Q4: B / La distance de sécurité sur autoroute doit être environ égale à 2 traits blancs de la bande d'arrêt d'urgence. Ce n'est pas le cas ici puisque je ne vois qu'un trait blanc. Je ralentis donc légèrement afin de laisser une distance suffisante.

Q5: B et C / Le panneau bleu à droite m'indique que la voie arrivant face à moi est une voie cyclable, ce qui est confirmé par le marquage au sol. Je peux donc être amené à croiser des cyclistes mais pas de voitures.

Q6: B/ Je ne peux pas suivre le véhicule qui est en train de dépasser car une voiture, occupant déjà la voie du milieu, est en train de me dépasser. Je ralentis donc afin de garder une bonne distance de sécurité avec le véhicule qui me précède.

Q7: B / Pour continuer tout droit, je dois utiliser la voie la plus à droite. Étant mal placé, je change de voie.

Q8: B et D/ Même urgent, un appel ne doit pas me faire oublier les règles et la sécurité : il est interdit et dangereux de s'arrêter à cheval ou complètement sur un trottoir. Je continue et je trouve un emplacement où je pourrai m'arrêter en sécurité sans gêner d'autres usagers.

Q9: A / La balise située en dessous du panneau indique que je circule sur la N489, donc sur une route nationale.

Q10: B / En fin de journée, il se peut que le soleil éblouisse le conducteur à travers le rétroviseur. La vision du conducteur n'est donc plus parfaite. Dans ce cas-là, j'aperçois une voiture sur la voie de gauche, mais comme je suis ébloui je dois renoncer au dépassement par sécurité.

ROUTE

MARQUES SUR LA ROUTE

Une route désigne l'ensemble des voies accessibles au public pour la circulation

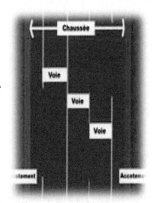

La chaussée:

Partie de la route aménagée pour permettre la circulation des véhicules.

La voie :

La chaussée peut être subdivisée en plusieurs voies, délimitées par des lignes continues ou discontinues. Certaines voies peuvent être dédiées à des catégories spécifiques de véhicules.

Les accotements :

Ils longent la chaussée de chaque côté et font partie de la route. Ils peuvent être utilisés pour l'arrêt, le stationnement, ou la circulation des piétons.

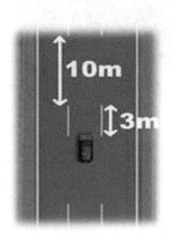

Délimitation générale des voies de circulation :

En situation normale, la circulation doit se faire dans la voie de droite (A). Le franchissement des lignes n'est permis que pour dépasser un obstacle (B) ou pour effectuer un virage à gauche (C).

Sur une chaussée à double sens de circulation avec un nombre impair de voies, il est interdit d'utiliser la voie la plus à gauche. Par exemple, sur une chaussée à trois voies, la troisième voie, située à l'extrême gauche, est interdite d'accès.

Sur une chaussée à sens unique comportant trois voies ou plus, les conducteurs de véhicules ou d'ensembles de véhicules de plus de 7 mètres de long ne sont autorisés à circuler que dans les deux voies les plus à droite.

Lignes de rive :

Elles délimitent l'accotement de la route. Il est autorisé de les traverser pour s'arrêter ou stationner, sauf indication contraire. Les lignes mesurent 3 mètres avec un espace de 3,5 mètres entre elles.

À l'approche des intersections, les lignes peuvent mesurer 20 mètres avec un espace de 6 mètres.

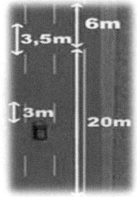

Ligne continue :

Il est interdit de traverser cette ligne, que ce soit pour changer de direction ou pour effectuer un dépassement.

Ligne discontinue :

Cette ligne peut être traversée pour dépasser ou changer de direction. En conduite normale, le conducteur doit garder son véhicule aussi près que possible du bord droit de la route. Les lignes mesurent 3 mètres avec un espace de 10 mètres entre elles.

Ligne de dissuasion :

Sur des routes étroites ou sinueuses, la ligne de dissuasion remplace la ligne continue pour permettre aux conducteurs de dépasser des véhicules roulant très lentement, tels que des tracteurs agricoles. Les segments de la ligne mesurent 3 mètres, avec un intervalle de 1,33 mètre entre eux.

Ligne d'avertissement :

Cette ligne ressemble à une ligne de dissuasion, mais elle précède l'arrivée d'une ligne continue. Elle avertit les conducteurs qu'il est possible de terminer un dépassement déjà commencé, mais interdit d'en initier un nouveau.

Ligne mixte :

La ligne mixte est constituée d'une ligne continue et d'une ligne discontinue juxtaposées. Le conducteur doit se conformer à la ligne la plus proche de son véhicule. Si la ligne proche est continue, il est interdit de la franchir, tandis que la ligne discontinue concerne les véhicules circulant dans le sens opposé, qui peuvent la franchir pour dépasser.

Flèches de rabattement :

Les flèches de rabattement sont insérées dans une ligne d'avertissement ou une ligne mixte. Elles signalent que la ligne discontinue va bientôt se terminer et qu'une ligne continue va apparaître. Il y a trois flèches de rabattement. Dès que la première flèche est visible, il est trop tard pour commencer à dépasser un véhicule qui roule normalement.

Est-ce que cela répond à votre besoin ? Si vous avez d'autres questions ou besoin d'aide supplémentaire, n'hésitez pas à me le faire savoir !

Flèches de sélection :

Quand des flèches sont présentes sur les voies de circulation, le conducteur doit se positionner dans la voie correspondant à la direction qu'il souhaite prendre dès la première flèche. Il est ensuite interdit de changer de voie, même si le marquage est discontinu.

Voies de stockage :

Les voies de stockage sont conçues pour permettre aux véhicules de tourner à droite ou à gauche. Elles sont marquées par une ligne pointillée épaisse. Ces voies sont aménagées de manière à faciliter les changements de direction sans perturber la circulation des autres usagers qui continuent tout droit. Elles sont également dotées de flèches de sélection pour indiquer la direction à suivre.

Est-ce que cela répond à votre besoin ? Si vous avez d'autres questions ou besoin d'aide supplémentaire, n'hésitez pas à me le faire savoir !

Voies et arrêts réservés aux autobus :

La voie située à droite est exclusivement destinée aux autobus, marquée par de larges lignes blanches. Ces lignes peuvent être continues ou discontinues. L'accès à cette voie est interdit à tous les autres véhicules.

Cependant, les réglementations locales permettent souvent aux taxis et aux ambulances, et parfois même aux cyclistes, comme c'est le cas à Paris, d'utiliser cette voie.

Dans une rue à sens unique, il est possible que la voie de bus circule en sens inverse. Il est donc important de rester vigilant. Vous pouvez traverser cette voie pour entrer ou sortir de la rue.

Cet emplacement est toujours matérialisé par une ligne en zigzag jaune. En circulation normale, on peut circuler sur cet emplacement, mais on ne peut ni s'arrêter ni stationner

Bandes et pistes cyclables :

Ce panneau indique la présence de bandes et pistes cyclables. Une piste cyclable est une voie distincte de la
chaussée principale, tandis qu'une bande cyclable est
intégrée à la chaussée principale, séparée uniquement
par une ligne continue ou discontinue épaisse. Les autres
usagers de la route ne sont pas autorisés à circuler, s'arrêter ou stationner sur ces bandes ou pistes cyclables

Passages pour piétons :

Cet emplacement est signalé par de larges bandes
blanches bien visibles, traversant la route. Les conducteurs doivent s'arrêter et laisser passer les piétons qui
s'y trouvent. Il est interdit de s'arrêter ou de stationner
à cet endroit.

Zébras :

Les zébras sont des marquages au sol utilisés pour remplacer un terre-plein. Il est interdit de circuler, de s'arrêter ou de stationner sur ces zones.

LES TYPES DE ROUTES

Les routes à double sens de circulation

Les routes bidirectionnelles peuvent comporter 2, 3 ou 4 voies. Les panneaux de signalisation informent les
conducteurs des limitations de vitesse et indiquent si le dépassement est autorisé ou non.

Les routes à 2 voies

Sur une route à deux voies, une ligne médiane discontinue permet de dépasser depuis la voie de gauche, à condition qu'aucun véhicule n'arrive en sens inverse. En
revanche, une ligne médiane continue interdit strictement tout dépassement.

Les routes à 3 voies

Pour les routes à trois voies, il peut y avoir deux voies dans le sens opposé ou deux voies dans votre sens de circulation. Dans ce dernier cas, la voie du milieu est utilisée pour les dépassements. Ici, elle est dans votre sens de circulation.

Les routes à 4 voies

Enfin, en ce qui concerne les routes à 4 voies, le créneau de dépassement est présent simultanément dans les deux sens de circulation.

Les routes à accès réglementé

Les routes à accès réglementé sont des voies rapides qui se rapprochent des autoroutes. Toutefois, elles ont quelques différences majeures.

La signalisation

L'entrée sur une route à accès réglementé est systématiquement annoncée par ce panneau.

Les routes à accès réglementé sont également systématiquement séparées par un terre-plein central et une rambarde de sécurité, ce qui n'est pas le cas des routes à double sens de circulation, par exemple.

Limites de vitesse :

- Routes à accès réglementé : 110 km/h.

- Routes à double sens de circulation : 80 ou 90 km/h.

- Autoroutes : 130 km/h.

Les routes à accès réglementé interdisent l'accès aux véhicules lents comme les cyclomoteurs, les cyclistes, les piétons et les engins agricoles. Cependant, certaines de ces routes, comme le périphérique parisien, peuvent avoir des limitations spécifiques, telles qu'une vitesse maximale de 70 km/h.

L'AUTOROUTE

La signalisation sur autoroute

L'autoroute a ses propres règles et signaux. La vitesse y est limitée à 130 km/h. De plus, tous les types de véhicules ne sont pas autorisés à circuler sur l'autoroute.

Les panneaux

Pour se diriger vers l'autoroute, il faut repérer les panneaux à fond bleu qui comportent le symbole de l'autoroute.

Quand un panneau à fond vert comporte le symbole de l'autoroute, cela signifie qu'une partie de l'itinéraire indiqué emprunte l'autoroute.

Des panneaux signalent l'entrée et la sortie de l'autoroute.

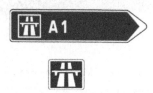

Les bornes

Des bornes jalonnent l'autoroute, identifiables par la lettre A suivie d'un numéro, permettant ainsi de se repérer sur la route.

Les usagers

Comme sur les routes à accès réglementé, l'autoroute est interdite aux usagers qui se déplacent trop lentement : vélos, tracteurs, piétons et cyclomoteurs.

Manœuvres interdites :

- Faire demi-tour est interdit.

- Effectuer une marche arrière est interdit.

- Emprunter la bande d'arrêt d'urgence (BAU) est interdit, même en cas d'embouteillage.

- Utiliser les passages réservés aux véhicules de secours est interdit.

- Les véhicules de plus de 3,5 tonnes ou de plus de 3 mètres de long ne sont pas autorisés à circuler sur la voie la plus à gauche.

Les péages

Les autoroutes sont payantes. Les postes de péage se situent aux entrées de l'autoroute ou directement sur le réseau. Les voies de passage ouvertes au paiement sont indiquées par une flèche verte ; une croix rouge annonce que la voie est fermée.

Circuler sur autoroute

La conduite sur autoroute nécessite une concentration soutenue en raison des vitesses élevées, créant ainsi des risques d'accidents significatifs pour les conducteurs.

La conduite à droite

Comme sur toutes les routes, le conducteur doit se maintenir sur la voie qui est le plus à droite. Les autres voies ne sont utilisées que pour les manœuvres de dépassement.

Remarque : Lorsque l'autoroute comporte 3 voies ou plus, les véhicules de plus de 3,5 tonnes ou d'une longueur de plus de 7 mètres ont interdiction d'emprunter la voie située le plus à gauche.

La bande d'arrêt d'urgence

La bande d'arrêt d'urgence n'est pas une voie de circulation. Il est formellement interdit de l'emprunter, car elle peut être occupée par des véhicules en panne ou des véhicules d'entretien. Pour s'arrêter, le conducteur doit utiliser uniquement les aires de stationnement ou les stations-service disponibles le long de la route.

La vitesse

Les vitesses maximales autorisées varient selon le réseau routier et la météo. Les autoroutes sont les routes où la limitation est la plus haute. Toutefois, le conducteur doit s'adapter aux conditions de circulation rencontrées.

(130) 130 km/h pour les usagers qui ne sont pas jeunes conducteurs

(110) 110 km/h pour les usagers par temps de pluie, et les jeunes conducteurs

(80) Sur la voie de gauche dédiée au dépassement, la vitesse minimum de circulation est de 80 km/h

(50) 50 km/h quand la visibilité ne dépasse pas 50 mètres

Le changement de direction

Les bifurcations permettent de changer de direction sur l'autoroute. Elles se manifestent par la séparation de la route en deux voies distinctes. Une bifurcation peut être signalée avec ou sans indication spécifique des voies.

Bifurcation avec affectation de voies

Bifurcation sans affectation de voies

ATTENTION : Lorsqu'une bifurcation est signalée, le conducteur doit suivre les indications du panneau pour se placer correctement sur la chaussée et prendre la direction souhaitée.

Astuce du moniteur : Si vous roulez à moins de 130 km/h, choisissez un point de repère (comme un panneau ou un arbre) et comptez deux secondes à partir du moment où le véhicule devant vous passe ce point. Vous devriez atteindre le même repère après ces deux secondes pour maintenir une distance de sécurité adéquate.

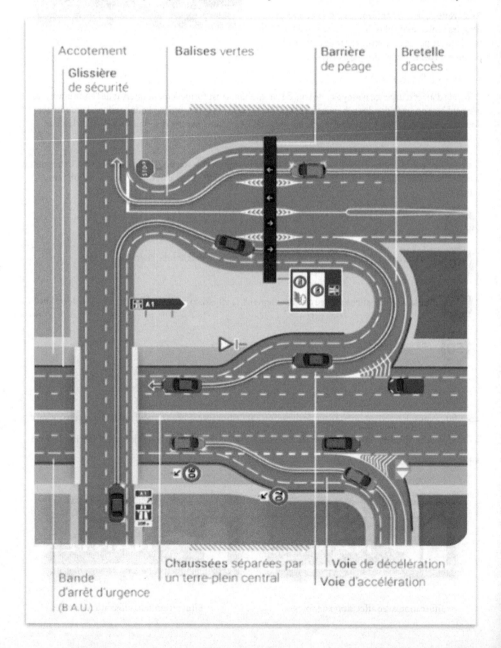

Entrer et sortir de l'autoroute

La conduite sur autoroute permet de circuler à des vitesses élevées qui exigent, de la part des conducteurs, une concentration soutenue tant les risques d'accident sont importants.

Entrée d'autoroute

Pour s'insérer sur l'autoroute, il faut obligatoirement suivre trois étapes : une phase d'accès, une phase d'accélération puis une phase d'insertion. Le respect de ces étapes permet de s'adapter à la vitesse des véhicules en circulation sur l'autoroute.

Bretelle de raccordement

En raison des vitesses élevées pratiquées, l'accès à l'autoroute comporte une voie d'accès qui débute souvent par un virage assez serré où la vitesse est limitée.

Voie d'accélération ou d'insertion

En prolongement de la bretelle de raccordement, une voie d'accélération longe la voie de droite sur une distance limitée, permettant aux conducteurs de rejoindre l'autoroute. Le conducteur doit atteindre une vitesse suffisante pour s'insérer harmonieusement dans le trafic, en surveillant les conditions de circulation à l'aide du rétroviseur extérieur gauche.

ATTENTION : La priorité doit toujours être accordée aux usagers de l'autoroute. Les zébras, qui marquent la séparation entre la voie de droite de l'autoroute et la voie d'accélération, sont conçus pour protéger et faciliter l'insertion des nouveaux arrivants.

Sortie d'autoroute

Pour quitter l'autoroute, le conducteur doit utiliser la voie de décélération. Dès que la sortie est annoncée par les panneaux, il se positionne sur la voie de droite sans ralentir. À l'approche de la sortie, il active son clignotant pour avertir les autres usagers. Une fois sur la voie de décélération, il doit réduire sa vitesse pour se conformer à la signalisation en place.

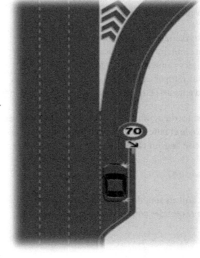

Les comportements à adopter

Pour un maximum de sécurité, certains comportements sont nécessaires pour éviter les risques d'accident.

Pause

Les vitesses élevées demandant une vigilance accrue et peuvent provoquer de la fatigue après quelques heures de conduite. Il est donc recommandé de faire une pause d'environ vingt minutes toutes les deux heures. Sur l'autoroute, les aires de repos sont facilement repérables grâce aux panneaux indicateurs.

Panne et accident

En cas de panne, d'accident ou de malaise sur l'autoroute, il faut allumer les feux de détresse, stationner sur la bande d'arrêt d'urgence, mettre son gilet rétro- réfléchissant, faire descendre passagers du véhicule qui doivent se placer derrière la glissière de sécurité. Il faut contacter les services de police de l'autoroute, de préférence à l'aide des bornes d'appel placées tous les 2 kilomètres.

ATTENTION

Ne placez pas le triangle de sécurité sur l'autoroute. C'est trop dangereux. Il est préférable d'utiliser la borne d'appel d'urgence et non le portable car la borne vous localise directement. Si vous êtes trop loin d'une borne, vous pouvez contacter le 112 à partir d'un portable.

LES ZONES DE DANGER

Les chantiers routiers

La fluidité de la circulation peut être gênée par des passages de zones à forte densité de véhicule ou par des travaux. Il convient de redoubler de vigilance.

Définitions

Itinéraire de substitution : Itinéraire alternatif proposé lorsque la circulation sur la route est perturbée. Il est indiqué par un panneau jaune avec la lettre S.

Déviation : Il s'agit d'un itinéraire alternatif que le conducteur doit obligatoirement suivre, contrairement à l'itinéraire de substitution.

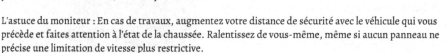

En cas de travaux, la signalisation peut être modifiée par des panneaux temporaires. Les panneaux de travaux et les dispositifs spéciaux ont priorité sur la signalisation permanente et doivent être respectés.

La signalisation temporaire de danger est souvent similaire à la signalisation permanente, mais les panneaux ont un fond jaune. Des panneaux temporaires d'obligation et d'interdiction peuvent aussi être installés, souvent posés sur le sol.

L'astuce du moniteur : En cas de travaux, augmentez votre distance de sécurité avec le véhicule qui vous précède et faites attention à l'état de la chaussée. Ralentissez de vous-même, même si aucun panneau ne précise une limitation de vitesse plus restrictive.

Les tunnels

Les tunnels sont des zones de circulation à risques car l'espace est restreint. Des mesures de sécurité doivent être respectées pour éviter tout accident.

Les différents panneaux de signalisation d'un tunnel

L'entrée du tunnel est signalée par un panneau bleu indiquant qu'il faut allumer les feux de croisement et qu'il est interdit de faire demi-tour, de s'arrêter ou de stationner. La limitation de vitesse est souvent précisée à l'entrée du tunnel.

 Il faut obligatoirement allumer ses feux lors de l'entrée dans un tunnel et les éteindre uniquement une fois sorti.

Une distance minimale de sécurité de 150 mètres doit être respectée entre deux véhicules. Dans le tunnel, des diodes (lumière bleue) sur les murs servent de repères pour respecter la distance entre les véhicules.

En cas d'incident dans le tunnel

En cas d'arrêt d'urgence, des emplacements et des niches de sécurité sont disponibles à l'intérieur du tunnel. Il est nécessaire d'allumer les feux de détresse, de couper le moteur, de contacter les secours et de localiser la sortie de secours la plus proche.

En cas d'embouteillage, il faut ralentir et allumer les feux de détresse.

En cas d'incendie, il ne faut surtout pas essayer de faire demi-tour : il faut sortir du véhicule, laisser les clés sur le contact, évacuer le tunnel vers les issues de secours qui seules protègent des fumées toxiques.

Les passages à niveau

Un passage à niveau représente le point de croisement entre les rails d'un chemin de fer et une route. Ces intersections sont sécurisées de diverses manières, comprenant des barrières de sécurité, des feux accompagnés de signaux sonores, ou simplement un panneau STOP.

Tous les usagers de la route doivent faire preuve de vigilance et ajuster leur vitesse, comme l'exige le Code de la route. Avant de traverser, il est crucial de vérifier qu'aucun train n'approche. Une erreur de perception peut avoir des conséquences graves, voire mortelles.

Attention : la signalisation du passage à niveau souligne qu'un train peut en masquer un autre, soulignant ainsi la nécessité d'une prudence accrue.

Comment aborder un passage à niveau ?

À l'approche d'un passage à niveau, il est fortement recommandé aux usagers de la route, de respecter certaines étapes de sécurité routière afin de ne pas donner vie à une situation dangereuse.

Vous devez donc :

- Adapter votre allure en ralentissant. La signalisation routière vous informe, bien avant que ne soyez arrivés à hauteur des voies, de la présence d'un passage à niveau.

- Traverser la voie ferrée uniquement si vous êtes sûr de pouvoir passer de façon rapide le passage à niveau, surtout si la chaussée est encombrée.

- Ne jamais vous arrêter au centre de la voie ferrée.

- Vous arrêter dès que le feu clignote et avant celui-ci, pour les passages à niveaux avec feux clignotants.

- Vous arrêter dès que les barrières se baissent et avant le passage à niveau.

- Attendre la remontée complète des barrières avant de redémarrer.

- Vérifier qu'il n'y a pas de train en approche et vous arrêter avant de franchir les voies, dans le cas d'un passage à niveau sans barrière.

- Respecter les règles de priorité. Le train est prioritaire en toutes circonstances.

- Ne pas passer entre les barrières de sécurité. C'est interdit et dangereux.

- Vous assurer qu'un second train n'est pas en approche avant de traverser le passage à niveau.

- Enfoncer la barrière avec votre véhicule si vous êtes immobilisé sur le chemin de fer.

- Évacuer vos passagers et alerter la SNCF si vous êtes immobilisé sur les voies sans pouvoir vous dégager.

Une mauvaise interprétation peut vous mener à de graves conséquences. D'ailleurs, la majorité des accidents sur les passages à niveau sont liés à cela.

Quels sont les différents types de passages à niveau ?

Considérés comme étant des zones de grands dangers, les passages à niveau sont signalés de plusieurs façons.

Le passage à niveau avec barrière

Avant l'arrivée d'un train, un passage à niveau automatisé active des signaux tels que des feux clignotants, une sonnerie et la descente des barrières. Les conducteurs doivent s'arrêter et ne reprendre la route qu'une fois les barrières relevées après le passage du train. Certains passages à niveau sont manuels, contrôlés par un garde-barrière et se distinguent par une barrière unique. Il est

interdit de s'arrêter sur les voies. En cas de problème, un téléphone d'urgence est généralement disponible. Si vous vous retrouvez immobilisé sur les voies, les barrières peuvent être enfoncées si nécessaire. Il est conseillé de redémarrer rapidement le moteur ou, si cela n'est pas possible, d'évacuer les passagers et d'utiliser le téléphone d'urgence tout en restant à une distance sûre.

Le passage à niveau sans barrière

En zone rurale, hors agglomération, certains passages à niveau peuvent être dépourvus de barrières. Ces passages sont signalés par un panneau triangulaire de danger avec un pictogramme de train pour indiquer l'absence de barrières. Les conducteurs doivent s'arrêter en présence de panneaux STOP, de signaux lumineux et d'une croix de Saint-André. Dans ces situations sans barrières, les trains ont la priorité, il est donc crucial de vérifier qu'aucun train n'approche avant de traverser.

Le non-respect de l'arrêt à ces passages à niveau est une cause fréquente d'accidents, soulignant l'importance de vérifier la sécurité avant de s'engager. Si la voie est encombrée de l'autre côté, il est interdit de s'engager pour éviter d'être bloqué au milieu des rails, conformément au Code de la route. Les passages à niveau proches d'une intersection, influençant uniquement les conducteurs prenant une autre direction, sont signalés par un panneau d'indication bleu.

Quels panneaux de signalisation routière annoncent un passage à niveau ?

Les signalétiques d'alerte à proximité des passages à niveau recommandent la prudence et incitent à ralentir, permettant un arrêt en cas de fermeture des barrières. Il est impératif de ne jamais passer entre les barrières, même si on estime avoir le temps de traverser. Après l'arrêt, attendez que les barrières soient complètement relevées avant de reprendre votre route. La pré-signalisation annonçant un passage à niveau est marquée par une balise J10 blanche, rayée de bandes rouges. Le nombre de bandes rouges indique la distance restante jusqu'à la voie ferrée : 3 bandes pour 150 mètres, 2 bandes pour 100 mètres et 1 bande pour 50 mètres.

 150m hors agglomération ou 50m

 à 100m hors agglomération

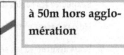 **à 50m hors agglomération**

Sur une voie à double sens, ces balises sont placées à droite, tandis que sur une voie à sens unique, elles sont à gauche. Elles sont accompagnées d'un panneau de danger avec un pictogramme de barrière. Un passage à niveau si- gnalé uniquement par un panneau indique des voies de chemin de fer sans barrières ni demi-barrières.

Passage à niveau sans barrière

Dans le cas d'un passage à niveau à signal automatique, le panneau indi- quant la présence d'une traversée ferroviaire peut être complété par un panonceau précisant l'automatisation de la fermeture des barrières. Si au- cun panonceau n'est présent, la barrière peut être manuelle, bien que cela soit rare.

Passage à niveau avec barrière

Lorsque l'arrêt est obligatoire en toutes circonstances, qu'il y ait ou non un train, un panneau STOP est installé. Celui-ci est précédé d'un panon- ceau similaire, indiquant la distance le séparant des voies.

Au niveau de l'intersection, un panneau précise le nombre de voies.

CONDUIRE DE NUIT

Sur route, comme sur autoroute, la nuit, la visibilité diminue et certains détails peuvent échapper au conduc- teur. L'évaluation de la distance et de la vitesse ainsi que le manque de repères peuvent être faussés.

L'utilisation des feux

La nuit, le conducteur va utiliser les feux de façon à bien voir sans pour autant gêner les autres.

Les feux de position (veilleuses) :

- dans une agglomération bien éclairée

- hors agglomération, au crépuscule ou au coucher du soleil.Les feux de croisement

Les feux de croisement :

- dans une agglomération peu éclairée

- sur une route hors agglomération éclairée

- sur une route hors agglomération non éclairée, lorsque le conducteur croise ou suit un véhicule

Les feux de route :

- en agglomération et hors agglomération lorsqu'il y a peu ou pas d'éclairage, et si aucun véhicule ne précède ou n'arrive en face

Focus sur le dépassement la nuit : Le conducteur, avant de commencer la manœuvre de dépassement, peut avertir de son intention le conducteur du véhicule qui le précède en faisant un bref appel lumineux. Ses feux de route ne seront allumés que lorsqu'il sera à la hauteur du véhicule dépassé. Le conducteur dépassé repasse en feux de croisement dès que le véhicule qui le dépasse arrive à sa hauteur pour éviter d'éblouir l'usager qui se rabat devant lui.

L'avertissement lumineux

La nuit, le conducteur peut avertir les autres conducteurs de sa présence par de brefs appels lumineux (appels de phares). Ces signaux sont donnés par intermittence :

- soit avec les feux de route s'il roule en feux de croisement

- soit avec les feux de croisement s'il roule en feux de route. L'usage de ces avertissements est possible en agglomération ou hors agglomération

- avant une intersection

- dans un virage ou un sommet de côte

- pour prévenir d'une présence ou d'un dépassement

- si le conducteur qui circule en sens inverse est resté en feux de route

ATTENTION : Pour la sécurité de tous, pensez à disposer en permanence d'ampoules de rechange pour éviter une immobilisation ou un accident.

Adapter sa conduite

Une vitesse adaptée

Les accidents liés à la vitesse ne sont pas seulement dus au non-respect des limites maximales autorisées, mais aussi à une vitesse inadaptée aux conditions ou à l'environnement immédiat, même en restant en dessous des limites maximales.

La nuit, la perception des couleurs diminue et l'évaluation des distances est altérée. Malgré l'éclairage, la visibilité du conducteur est limitée à quelques dizaines de mètres. Un faible éclairage public devrait inciter le conducteur à réduire sa vitesse.

Lorsqu'une balise de contournement est éclairée par les phares, le conducteur doit ralentir, même en l'absence de panneaux indicateurs. De plus, l'éclairage public et les conditions nocturnes ne permettent pas toujours de repérer les piétons à proximité de la chaussée. La présence d'un passage piéton doit inciter le conducteur à ralentir davantage.

La vision

Pour éviter d'être ébloui par les phares des autres véhicules, il est conseillé de mettre le rétroviseur intérieur en position « nuit » et, lorsqu'un véhicule arrive en face, de regarder le bord de la route plutôt que les feux. L'éblouissement perturbe l'évaluation des distances, le temps de réadaptation de l'œil étant de 5 à 6 secondes.

CONDUIRE SELON LE CLIMAT

Des conditions climatiques particulières

En circulant trop vite alors que les conditions climatiques sont mauvaises, le conducteur risque, entre autre, d'être surpris par l'irruption d'un véhicule.

Attention à l'aquaplanage

Définition : Aussi appelé, « aquaplaning » ou « hydroplanage ». Il s'agit d'une perte d'adhérence du véhicule à cause du glissement des roues sur une surface recouverte d'eau. Le pneu n'est plus en mesure d'évacuer l'eau présente sur la route.

Le conducteur risque l'aquaplanage et la perte de contrôle du véhicule.
Des pneus usés ou une vitesse excessive augmentent le risque d'aquaplanage.

Limitations de vitesse par temps de pluie

Il faut respecter les limitations de vitesse (abaisser de 10 à 20 km/h), éviter de freiner brutalement et augmenter les distances de sécurité.

Allumer ses feux de position

Il faut allumer ses feux de position ou de croisement pour signaler sa présence aux autres conducteurs. En cas de fortes pluies et de mauvaise visibilité, il faut utiliser les feux de route ou de brouillard avant.

L'astuce du moniteur : Pour éviter la formation de givre ou de buée, il faut utiliser les systèmes de ventilation, de désembuage et allumer le dégivrage arrière. Si la buée est déjà présente, allumer la climatisation pour la faire disparaître rapidement.

Le brouillard

Adapter sa conduite à la visibilité

La En cas de brouillard, il est important de :

- Ajuster votre vitesse selon la densité du brouillard, afin de maintenir une distance de sécurité adaptée à la visibilité.

- Utiliser les marquages au sol pour vous orienter, en particulier les lignes de rive situées sur le côté droit de la route.

Lorsque la visibilité est inférieure à 50 mètres, la vitesse maximale autorisée est de 50 km/h.

Pour rouler en toute sécurité par vent fort ou brouillard :

- Utilisez les feux de croisement, et les feux de brouillard avant peuvent les remplacer ou les compléter.

- Les feux arrière de brouillard peuvent être activés si nécessaire.

- Pour une meilleure visibilité, activez les essuie-glaces et la climatisation afin de réduire la buée.

Les vents violents

Les risques

Le conducteur risque de faire des écarts de trajectoire en cas de vent latéral, de fortes rafales ou lorsqu'il dépasse un véhicule encombrant. La vitesse accentue ce phénomène.

Comment contrer le vent ?

Il faut alors tenir le volant fermement, ralentir pour réduire les écarts de trajectoire et braquer légèrement le volant dans le sens opposé au vent.

La neige

En cas de neige, il est recommandé d'utiliser les feux de croisement, avec la possibilité d'ajouter ou de remplacer ces feux par les feux de brouillard avant. Les feux de brouillard arrière peuvent également être activés.

La neige affecte la chaussée de différentes manières :

- Une neige compacte et dure peut être aussi glissante que du verglas.

- Une couche épaisse et molle de neige peut créer un obstacle difficile à franchir, nécessitant des équipements spécifiques.

- Une fine couche de neige, ou de la neige fraîchement tombée ou fondante, diminue considérablement l'adhérence. Dans ce cas, il est essentiel de réduire la vitesse et d'augmenter la distance de sécurité.

Question 1 / 10

Directement à droite, je peux :

M'arrêter.

A: Oui   B: Non

Stationner.

C: Oui   D: Non

Question 2 / 10

Je me suis trompé de direction, je peux me replacer sur la voie de droite *

A: Oui   B: Non

Question 3 / 10

Je peux suivre la voiture qui dépasse

A: Oui   B: Non

Question 4 / 10

Je pourrai me placer sur la voie de gauche immédiatement après ce véhicule pour continuer tout droit

A: Oui   B: Non

Question 5 / 10

Mon téléphone sonne.

A: Je m'arrête

B: Je mets les feux de détresse

C: Je laisse le répondeur répondre

D: Je regarde qui m'appelle

Question 6 / 10

Pour aller en direction de Clermont-Ferrand, je pourrai emprunter

A: une autoroute

B: un itinéraire important

C: une route départementale

D: un itinéraire de substitution

Question 7 / 10

Je dois marquer un temps d'arrêt avant de m'engager sous ce pont

A: Oui   B: Non

Question 8 / 10

Ce panneau interdit le dépassement de tous les véhicules à moteur, autres que les 2 roues

A: Oui   B: Non

Question 9 / 10

Ce panneau indique :

A: Une autoroute

B: Une chaussée à sens unique

C: Une route à accès réglementé

Question 10 / 10

L'itinéraire annoncé est un itinéraire de déviation

A: Oui   B: Non

Q1: A et C / Les emplacements à droite sont destinés à l'arrêt et au stationnement des véhicules. Je peux donc les rejoindre immédiatement.

Q2: B/ Je suis engagé dans une voie de stockage pour tourner à gauche. Même si personne n'arrive derrière, il est interdit de me replacer sur la voie de droite.

Q3: B / Dans cette situation, je ne peux pas dépasser le véhicule devant moi puisque j'aperçois dans le rétroviseur une voiture qui est en train de me dépasser. Je reste donc dans cette voie.

Q4: B / Directement après ce véhicule utilitaire, je ne pourrai pas me placer sur la voie de gauche puisqu'il y a un usager derrière. Le fait de changer de voie pourrait le surprendre.

Q5: C/ Je ne m'arrête pas sur un pont au risque sinon de gêner la circulation. Je continue ma route et je laisse le répondeur répondre. Regarder qui m'appelle me fera quitter la route des yeux plusieurs secondes, durant lesquelles je ne prendrai aucune information. Je m'arrêterai donc plus loin en sécurité pour regarder mon écran et rappeler.

Q6: A et B / D'après ces panneaux directionnels, pour aller en direction de Clermont-Ferrand, je pourrai emprunter une autoroute comme l'indique l'encart bleu situé sur le panneau. Je pourrai également emprunter un itinéraire important comme l'indique le panneau à fond vert.

Q7: B / Ce panneau indique une circulation à sens unique et non une route à accès réglementé.

Q8: A / Ce panneau interdit en effet de dépasser tous les véhicules à moteur autre que ceux à 2 roues sans side -car.

Q9: C / Ce panneau annonce l'entrée sur une route à accès réglementé. Certains usagers ne sont pas autorisés à circuler sur ce type de route.

Q10: B / Comme indiqué sur l'encart noir, l'itinéraire annoncé est un itinéraire de substitution puisqu'il est indiqué par la lettre « S ».

CONDUCTEUR

Conduire demande une attention complète et une mobilisation totale des sens. Il est essentiel de surveiller attentivement ce qui se passe autour de vous, tant à proximité qu'à distance, d'anticiper et d'évaluer les situations, de prendre des décisions appropriées et de manœuvrer le véhicule en conséquence.

Pour garantir une conduite optimale, il est important de rester attentif à la fatigue, aux effets des médicaments, à l'alcool, et de ne jamais conduire sous l'influence de drogues, qui est strictement interdite. Assurez-vous également que vous êtes bien installé dans le poste de conduite et que les passagers sont à l'aise.

N'oubliez pas de conserver à bord les documents essentiels : permis de conduire, carte grise (ou certificat d'immatriculation), vignette fiscale (pour les véhicules de société), ainsi que l'attestation et le certificat d'assurance. Respecter les règles de conduite est crucial pour éviter la perte de points sur le permis. En cas d'accident, sachez comment remplir un constat amiable et prenez les mesures nécessaires.

FATIGUE

Les causes de la fatigue sont liées :

- A l'environnement : trajet connu, monotone, trafic dense, surenchère d'informations publicitaires...
- Au véhicule : bruits excessifs, mauvais état, confort médiocre...
- Au conducteur : soucis, énervement, migraine, simple rhume, stress...

Les signes annonciateurs :

- Bâillements
- Crampes
- Courbatures
- Picotements des yeux
- Maux de tête
- Douleurs dans le cou
- Besoin régulier de changer de position sur son siège
- Agressivité.

Les effets :

- Acuité visuelle et champ visuel latéral réduits
- Impatience ou anxiété grandissantes
- Mauvaise coordination des mouvements
- Somnolence qui peut aboutir à l'endormissement.

Les solutions :

- Bien se reposer avant de prendre la route
- Faire une pause de 15 min toutes les 2 heures de conduite
- Boire de l'eau et prendre des repas légers et équilibrés

- Pouvoir alterner la conduite avec un passager...

La fatigue multiplie par 4 les risques d'accidents.

MÉDICAMENTS

La prise de médicaments peut influencer significativement le comportement. Il est crucial de vérifier les pictogrammes sur les médicaments et de respecter scrupuleusement les instructions données par le médecin. Les effets secondaires peuvent être accentués si les médicaments sont mal utilisés ou combinés avec de l'alcool ou des drogues, ce qui peut compromettre la capacité à conduire de manière sûre et responsable.

ALCOOL

Effets ressentis

- Des troubles de l'équilibre ;

- De la brusquerie des gestes ;

- D'une plus grande sensibilité aux éblouissements ;

- D'une réduction du champ visuel ;

Soyez prudent
Ne pas conduire sans avoir lu la notice.

Soyez très prudent
Ne pas conduire sans l'avis d'un professionnel de santé.

Attention, danger : ne pas conduire
Pour la reprise de la conduite demandez l'avis d'un médecin.

- D'une atténuation des contrastes ;

- D'une diminution des facultés de choix et de raisonnement ;

- D'un allongement de la durée du temps de réaction ;

- D'une perte de précision ;

- D'un risque de précision sous-évalués ;

- D'une vigilance et de la résistance à la fatigue diminuent... ;

- Sous estimation des dangers ;

- Sensation de soif et incite à boire davantage ;

- Sensation de puissance dût à une perte de contrôle de soi.

Les effets de l'alcool se manifestent dés 0.30 g/l de sang.

Alcoolémie

L'alcoolémie indique la quantité d'alcool pur dans 1 litre de sang, exprimée en grammes d'alcool par litre de sang (g/l) ou en milligrammes d'alcool par litre d'air expiré (mg/l). En général, le taux d'alcool dans le sang atteint son maximum environ une heure après la consommation, si l'on a mangé, ou seulement 15 minutes après si l'on est à jeun.

Exemple pour une consommation de 2 verres :

Le foie élimine l'alcool à 95 % mais chaque individu n'élimine pas la même quantité : la fourchette varie entre 0.10 et 0.30 grammes par litre de sang en 1 heure.

Contrôles

Les contrôles d'alcoolémie sont requis après un accident corporel ou en cas d'infraction grave, mais ne sont pas nécessaires pour un accident matériel lorsque la responsabilité n'est pas en jeu. Lors d'un alcootest ou éthylotest, l'air expiré passe à travers un tube contenant un réactif chimique jaune qui devient vert en présence d'alcool. Si la couleur dépasse un certain seuil, le test est considéré comme positif. Dans ce cas, un test plus précis est effectué pour mesurer le taux d'alcoolémie, généralement par une prise de sang ou un éthylomètre.

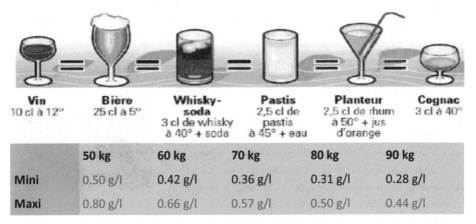

	Vin 10 cl à 12°	Bière 25 cl à 5°	Whisky-soda 3 cl de whisky à 40° + soda	Pastis 2,5 cl de pastis à 45° + eau	Planteur 2,5 cl de rhum à 50° + jus d'orange	Cognac 3 cl à 40°
	50 kg	**60 kg**	**70 kg**	**80 kg**	**90 kg**	
Mini	0.50 g/l	0.42 g/l	0.36 g/l	0.31 g/l	0.28 g/l	
Maxi	0.80 g/l	0.66 g/l	0.57 g/l	0.50 g/l	0.44 g/l	

Éthylomètre : Il mesure directement et précisément la concentration d'alcool dans l'air expiré.

Sanctions

Conduire avec un taux d'alcool dans le sang de 0,50 g/l (0,25 mg/l d'air expiré) à 0,79 g/l est considéré comme une contravention, tandis qu'un taux de 0,80 g/l (0,40 mg/l d'air expiré) et plus constitue un délit. Cela entraîne une perte de 6 points sur le permis de conduire. Notez que la caféine peut ralentir l'élimination de l'alcool, prolongeant ainsi les effets de l'intoxication.

DROGUES

Les drogues peuvent altérer la conduite de manière similaire à l'alcool. Conduire sous l'influence de stupéfiants entraîne une perte de 6 points sur le permis de conduire. Le test salivaire anti-drogue est utilisé pour détecter diverses substances telles que la cocaïne, l'héroïne, le cannabis, les amphétamines et l'ecstasy. En cas de résultat positif, les forces de l'ordre peuvent procéder à une détention temporaire pour effectuer un prélèvement sanguin, permettant ainsi de mesurer avec précision la concentration de drogues dans le sang.

INSTALLATION AU POSTE DE CONDUITE

Réglage du siège :

- S'asseoir bien au fond du siège.

- Enfoncer au maximum la pédale d'embrayage avec le pied gauche, le talon restant en contact avec le sol.

- Régler le siège pour que la jambe soit légèrement fléchie

Une fois ces réglages effectués, le conducteur doit s'assurer que le siège est bloqué.

Réglage du dossier :

- Coller le dos en appuie sur le dossier ;

- Tendre le bras droit au-dessus du volant ;

- La paume de la main doit toucher le haut du volant, sans décoller les épaules.

Attachez la ceinture :

Le port de la ceinture de sécurité est obligatoire pour tous les occupants, à l'avant comme à l'arrière, même si le véhicule est équipé d'un airbag. Il est crucial que la ceinture soit bien ajustée, sans torsion et positionnée à plat sur le corps. En cas d'accident, porter la ceinture réduit le risque de décès par trois, alors que l'éjection par le pare-brise augmente considérablement le risque de blessures graves.

Rétroviseurs intérieurs :

- Rester toujours en contact avec le dossier, de façon à ne bouger que la tête pour contrôler vers l'arrière du véhicule ;

- Régler le rétro de manière à voir le bas de la vitre arrière dans le bas du miroir.

Rétroviseurs extérieurs :

Il faut voir la poignée de la portière arrière dans le coin en bas et à droite du rétroviseur sans bouger du poste de conduite. L'angle de vue doit être le plus large possible.

PASSAGERS

Le port de la ceinture de sécurité est obligatoire pour tous les passagers, à l'avant comme à l'arrière, dans les voitures particulières et les camionnettes, ainsi que pour le conducteur.

Les enfants de moins de 10 ans doivent être installés dans un dispositif homologué adapté à leur âge, de préférence à l'arrière. Si un dispositif "dos à la route" est utilisé à l'avant, l'airbag doit être désactivé.

Pour éviter les ouvertures accidentelles des portes arrière, il est conseillé d'activer la fonction de sécurité enfant (verrouillage des portes arrière).

Lors de longs trajets, assurez le confort des passagers en prévoyant des activités pour les enfants, ainsi que des boissons et de la nourriture, et en faisant des pauses régulières.

Il est recommandé de laisser un passager utiliser le téléphone ou de ne pas répondre aux appels pendant que vous conduisez, car l'utilisation du téléphone au volant est interdite.

DOCUMENTS OBLIGATOIRES

Permis de conduire

Le permis B autorise un individu à conduire des véhicules légers (au PTAC inférieur ou égal à 3 500 kg) et de 9 places assises au maximum (conducteur inclus), des tricycles et quadricycles motorisés ainsi que des moto-cyclettes légères (125 m²) s'il est titulaire du permis B depuis plus de 2 ans.

Carte grise ou certificat d'immatriculation

Il est délivré par la préfecture pour tout véhicule de plus de 50 cm² de cylindrée et pour toute remorque de plus de 500 kg de poids total autorisé en charge (le n° d'immatriculation est reproduit sur les plaques minéra-logiques). Il faut présenter l'original de la carte grise lors d'un contrôle routier.

Tout changement de domicile doit être déclaré la préfecture du domicile dans le mois qui suit le déménage-ment afin de faire corriger mon adresse sur la carte grise.

Vignette fiscale

La vignette des véhicules à moteur est supprimée pour les voitures des particuliers. La vignette reste obliga-toire pour les véhicules appartenant à des sociétés.

Attestation et certificat d'assurance

La Responsabilité Civile (assurance au tiers) est l'assurance minimale obligatoire pour conduire un véhicule.

Elle permet, en cas d'accident, l'indemnisation des autres usagers (les tiers). Des garanties supplémentaires et facultatives permettent d'indemniser l'assuré.

Il faut avoir une attestation d'assurance sur soi et coller sur le pare-brise le certificat d'assurance.

Macaron de visite technique

Les véhicules qui ont subi une visite technique satisfaisante doivent avoir un macaron sur le pare-brise et une indication inscrite sur la carte grise.

Oubli, perte ou vol des documents obligatoire

L'oubli du permis ou des papiers du véhicule, est sanctionné par une contravention.

Lors d'un contrôle, présentez les documents manquants à la gendarmerie ou au commissariat dans les 5 jours pour éviter une amende majorée. En cas de perte ou de vol du permis de conduire ou de la carte grise, déclarez immédiatement à la gendarmerie ou au commissariat. Le formulaire fourni par les autorités est valide comme permis de conduire pendant 2 mois et comme carte grise pendant 1 mois.

Disque "jeune conducteur" ou "conduite accompagné"

Il doit être placé à l'arrière du véhicule et ne doit, en aucun cas, gêner la visibilité.

LES ACCIDENTS ET LES ASSURANCES

L'accident est un événement soudain qui entraîne des dommages matériels et/ou corporels et qui n'est pas provoqué volontairement. Il n'est pas dû à la fatalité mais résulte d'une accumulation de risques pris par le conducteur ou d'une imprudence de celui-ci

Les principaux facteurs d'accidents

- la vitesse excessive ou non adaptée qui est la cause d'environ 30 % des accidents mortels et de 50 % des accidents ;
- la conduite sous l'emprise de l'alcool qui est responsable d'environ 40 % des accidents mortels ;
- le non-respect des règles de circulation ;
- le mauvais état du véhicule ;
- les mauvaises conditions météo ;
- la fatigue du conducteur.

Comportement en cas d'accident

- S'arrêter dès que possible, sans mettre en danger la circulation.
- Communiquer son identité et son adresse à toute personne concernée par l'accident.
- En cas de blessure d'une ou plusieurs personnes, informer ou faire informer les services de police ou de gendarmerie.
- Éviter, autant que possible, de modifier l'état des lieux et de préserver les traces pouvant servir à établir les responsabilités.

Accidents matériels

En cas d'accident avec exclusivement des dégâts matériels, il faut remplir un seul et même constat amiable avec l'autre conducteur

Accidents corporels

En cas de blessé, même léger, il est nécessaire de :

- Protéger : signaler l'accident aux autres usagers pour prévenir un nouvel accident.

- Alerter : informer les secours, que ce soit la police ou la gendarmerie.

- Secourir : apporter une assistance aux victimes dans la mesure de ses compétences.

Les gestes essentiels à connaître : mettre la victime en position latérale de sécurité, pratiquer le bouche-à-bouche, appliquer un point de compression, éviter de déplacer le blessé et ne jamais retirer le casque d'un motard, sauf en cas de risque d'asphyxie.

Assurances

Tous les véhicules à moteur, y compris leurs remorques, doivent faire l'objet d'un contrat d'assurance. L'assurance obligatoire est celle de la responsabilité civile que l'on appelle « assurance au tiers ». Elle est obligatoire dès la mise en circulation du véhicule, que ce dernier roule ou soit garé sur la voie publique, sur une voie privée ou dans un garage public. Le défaut d'assurance constitue un délit et peut entraîner un an de prison, une amende de 15 000 euros, une suspension du permis de conduire et l'immobilisation du véhicule.

Le constat amiable

Le constat amiable est essentiel car il permet, dans la plupart des cas, de bénéficier d'une indemnisation directe par son assureur, en vertu de la Convention IDA (Indemnisation Directe de l'Assuré). Il est donc important de toujours avoir un constat amiable à disposition et de savoir comment l'utiliser correctement.

Sur les lieux de l'accident :

utiliser un seul constat amiable pour deux véhicules en cause (deux pour trois véhicules, etc.) ;

employer de préférence un stylo à bille et appuyer fort, le double sera plus lisible ;

si l'accident a eu des témoins, écrire leurs noms et adresses, surtout en cas de difficultés avec l'autre conducteur ;

signer et faire signer le constat par l'autre conducteur. Lui remettre un des exemplaires, conserver l'autre

En rédigeant le constat, ne pas oublier :

- Rubrique 12 : Cocher les cases correspondant aux circonstances de l'accident (de 1 à 17) et indiquer le nombre de cases cochées.

- Rubrique 8 : Se référer aux informations présentes sur les documents d'assurance (carte verte).

- Rubrique 9 : Vérifier la validité du permis de conduire.

- Rubrique 13 : Réaliser un croquis précis de l'accident.

- Rubrique 10 : Mentionner avec précision le point de choc initial.

- Rubrique 14 : Utiliser l'espace "observations" pour ajouter des remarques ou précisions utiles

CONSTAT AMIABLE D'ACCIDENT AUTOMOBILE *ACCIDENT REPORT*

1 Date de l'accident *Date of the accident* — **Heure** *Time* — **2 Localisation** *Locality* — **Pays** *Country* — **Lieu :** *Exact location* — **3 Blessé(s) même léger(s)** *Injuries even if slight* oui ☐ *yes* non ☐ *no* — 1/2 2/2

4 Dégâts matériel à des *Property damage* — véhicules autres que A et B *other than vehicles A and B* oui ☐ *yes* non ☐ *no* — objets autres que des véhicules *damage to other property* oui ☐ *yes* non ☐ *no*

5 Témoins : noms, adresses et tél. *Witnesses : names, addresses and tél. number*

VÉHICULE A / VEHICLE A

6 Preneur d'assurance / assuré *(voir attestation d'assurance)* *Detail of insured (see insurance certificate)*

NOM : ....
Name
Prénom : ....
First name
Adresse : ....
Address
Code postal : ...... Pays : ......
Postal Code *Country*
Tél. ou email : ....
Tel. or email

Véhicule *vehicle*

A MOTEUR *VEHICLE*	REMORQUE *TRAILER*
Marque, type *Make, type*	
N° d'immatriculation *Registration number*	N° d'immatriculation *Registration number*
Pays d'immatriculation *Country of registration*	Pays d'immatriculation *Country of registration*

Société d'assurance *(voir attestation d'assurance) (see insurance certificate)* *Insurance company*

NOM : ....
Name
N° de contrat : ....
Policy N°
N° de carte verte : ......
N° insurance certificate
Attestation d'assurance ou carte verte valable
Period of insurance validity du (from) : ...... au (to) : ......
Agence (ou bureau, ou courtier) :
Agency or broker
NOM : ....
Name
Adresse : ....
Address
.... Pays : ......
Country
Tél. ou email : ....
Tel or email
Les dégâts matériels au véhicule sont-ils assurés par le contrat ?
Is damage to the vehicle insured by the contract ?
oui ☐ *yes* non ☐ *no*

Conducteur *(voir permis de conduire) Détails : see driving licence)*

NOM : ....
Name
Prénom : ....
First name
Date de naissance : ......
Date of birth
Adresse : ....
Address
.... Pays : ......
Country
Tél. ou email : ....
Tel or email
Permis de conduire n° .....
Driving licence n°
Catégorie (A, B...) ....
Groups (A, B...)
Permis valable jusqu'au ....
Driving licence valid until

12. CIRCONSTANCES
Circumstances

Mettre une croix dans chacune des cases utiles pour préciser le croquis
* Raye la mention inutile
A — B
Put a cross in each of the relevant spaces to help explain the plan
* Strike the unused box

☐ 1 — * en stationnement / à l'arrêt — 1 ☐
Parked / stationary

☐ 2 — *quittait un stationnement /ouvrait une portière — 2 ☐
Leaving a parking space / opening a door

☐ 3 — prenait un stationnement — 3 ☐
entering a parking space

☐ 4 — sortait d'un parking, d'un lieu privé, d'un chemin de terre — 4 ☐
emerging from a car park, from private grounds, from track

☐ 5 — s'engageait dans un parking, un lieu privé, un chemin de terre — 5 ☐
entering a car park, private grounds, a track

☐ 6 — s'engageait sur une place à sens giratoire — 6 ☐
entering a roundabout or similar traffic system

☐ 7 — roulait sur une place à sens giratoire — 7 ☐
driving on roundabout etc.

☐ 8 — heurtait à l'arrière, en roulant dans le même sens et sur une même file — 8 ☐
hit the rear end, driving in same direction in a same file lane

☐ 9 — roulait dans le même sens et sur une file différente — 9 ☐
going in the same direction but a different lane

☐ 10 — changeait de file — 10 ☐
changing file lanes

☐ 11 — doublait — 11 ☐
overtaking

☐ 12 — virait à droite — 12 ☐
turning to the right

☐ 13 — virait à gauche — 13 ☐
turning to the left

☐ 14 — reculait — 14 ☐
moving backward

☐ 15 — empiétait sur une voie réservée à la circulation en sens inverse — 15 ☐
encroaching upon the lane reserved for opposite traffic

☐ 16 — venait de droite dans un carrefour — 16 ☐
coming from the right at an intersection

☐ 17 — n'avait pas observé un signal de priorité ou un feu rouge — 17 ☐
failing to stop at sign

☐ → indiquer le nombre de cases marquées d'une croix ← ☐
State TOTAL number of spaces marked with a cross

A signer obligatoirement par les deux conducteurs
Must be signed by BOTH drivers
Users NOT constitute an admission of liability, but a summary of identities and facts which which speed up the settlement of claims.

Croquis de l'accident au moment du choc
Sketch of accident

VÉHICULE B / VEHICLE B

6 Preneur d'assurance / assuré *(voir attestation d'assurance)* *Detail of insured (see insurance certificate)*

NOM : ....
Name
Prénom : ....
First name
Adresse : ....
Address
Code postal : ...... Pays : ......
Postal Code *Country*
Tél. ou email : ....
Tel. or email

Véhicule *vehicle*

A MOTEUR *VEHICLE*	REMORQUE *TRAILER*
Marque, type *Make, type*	
N° d'immatriculation *Registration number*	N° d'immatriculation *Registration number*
Pays d'immatriculation *Country of registration*	Pays d'immatriculation *Country of registration*

Société d'assurance *(voir attestation d'assurance) (see insurance certificate)* *Insurance company*

NOM : ....
Name
N° de contrat : ....
Policy N°
N° de carte verte : ......
N° insurance certificate
Attestation d'assurance ou carte verte valable
Period of insurance validity du (from) : ...... au (to) : ......
Agence (ou bureau, ou courtier) :
Agency or broker
NOM : ....
Name
Adresse : ....
Address
.... Pays : ......
Country
Tél. ou email : ....
Tel or email
Les dégâts matériels au véhicule sont-ils assurés par le contrat ?
Is damage to the vehicle insured by the contract ?
oui ☐ *yes* non ☐ *no*

Conducteur *(voir permis de conduire) Détails : see driving licence)*

NOM : ....
Name
Prénom : ....
First name
Date de naissance : ......
Date of birth
Adresse : ....
Address
.... Pays : ......
Country
Tél. ou email : ....
Tel or email
Permis de conduire n° .....
Driving licence n°
Catégorie (A, B...) ....
Groups (A, B...)
Permis valable jusqu'au ....
Driving licence valid until

Indiquer le point de choc initial au véhicule A par une flèche →
Indicate with an arrow the point of initial impact →

Indiquer le point de choc initial au véhicule B par une flèche →
Indicate with an arrow the point of initial impact →

Dégâts apparents au véhicule A :
Visible damage to vehicle A

Dégâts apparents au véhicule B :
Visible damage to vehicle A

Mes observations : *My remarks :*

Signature des conducteurs
Signatures of the drivers

Mes observations : *My remarks :*

A — B

Question 1 / 10

Cette voiture freine. Le temps de réaction est 2 fois plus court à 50 km/h qu'à 100 km/h.

A: Vrai   B: Faux

Question 2 / 10

Lorsque le soleil m'éblouit :

A: Je peux mettre des lunettes de soleil

B: Je peux maintenir une allure normale

C: J'abaisse mon pare-soleil

D: J'accélère

Question 3 / 10

Cela fait 2h30 que je roule, je ressens de la fatigue, mais je suis bientôt arrivé à destination.

A: Je continue en roulant plus vite

B: Je fais une pause

C: Je continue en roulant moins vite

Question 4 / 10

Une seconde de distraction en conduite peut provoquer un accident.

A: Oui   B: Non

Question 5 / 10

Dans cette situation :

A: Je passe.

B: Je m'arrête.

C: Je klaxonne.

Question 6 / 10

Pour prendre la direction de l'autoroute :

A : Je mets mon clignotant droit immédiatement

B : Je mets mon clignotant droit après la première sortie

Question 7 / 10

Dans cette situation, pour prendre la prochaine sortie, je reste attentif :

- au véhicule arrêté à droite

A : Oui   B : Non

au véhicule qui me suit

C : Oui   D : Non

Question 8 / 10

Conduisant avec un taux d'alcoolémie de 0,25 mg/l d'air expiré, je risque un retrait de 6 points sur mon permis :

A : OUI   B : NON

Question 9 / 10

J'ai manqué le début de la voie de stockage pour tourner à gauche

A : Je peux encore indiquer mon intention de tourner

B : Je choisis de continuer tout droit et ferai demi-tour plus loin

Question 10 / 10

Le taux d'alcoolémie constituant une infraction est de :

A : 0.5 mg/l d'air expiré

B : 0.5 g/l de sang

Le taux d'alcoolémie constituant un délit est de :

C : 0.8 g/l de sang   D : 0.5 mg/l d'air expiré

CONDUCTEUR

Q1: B/ Le temps de réaction ne dépend pas de la vitesse à laquelle on roule, mais de la forme du conducteur. En revanche, la distance parcourue pendant le temps de réaction varie avec la vitesse. Ici on ne parle que du temps de réaction du conducteur.

Q2: A et C/ Lorsqu'on est ébloui il est fortement conseillé d'abaisser son pare-soleil ou de mettre des lunettes de soleil afin de mieux voir les dangers. J'abaisse aussi mon allure et allonge si nécessaire mes distances de sécurité.

Q3: B / Lorsque les premiers effets de la fatigue se font ressentir, je dois absolument m'arrêter pour faire une pause et me reposer, même si cela vient à retarder mon heure d'arrivée.

Q4: A / En une seconde, même à allure réduite, mon véhicule continue à avancer. Si par exemple un usager devant moi freine brusquement, je risque de ne pas le voir. Je dois donc rester attentif dans toutes les situations.

Q5: B / Un piéton est engagé sur le passage pour piétons, je dois lui céder le passage. L'arrêt est donc obligatoire.

Q6: B/ Pour prendre la direction de l'autoroute, je dois prendre la deuxième sortie. Je ne mets donc pas mon clignotant droit immédiatement mais juste après la première sortie.

Q7: A et C / Le véhicule arrêté à droite représente une zone de danger car un de ses passager pourrait à tout moment ouvrir une portière. Je prévois donc de m'écarter de lui et je surveille également la trajectoire et l'allure du véhicule qui me suit.

Q8: A/ Le fait de conduire avec un taux d'alcoolémie de 0,25mg/l d'air expiré (ou 0,5g d'alcool par litre de sang) est une infraction. Je risque, entre autres, un retrait de 6 points sur mon permis de conduire.

Q9: B / En indiquant maintenant et en ralentissant suffisamment pour ne pas percuter le véhicule engagé dans la voie de stockage je risque de surprendre le véhicule qui me suit de trop prêt. Je choisis donc de ne pas tourner sur la gauche.

Q10: B et C/ Les bons seuils du délit et de l'infraction sont exprimés en g/l de sang et non dans l'air expiré, soit 0.5 g/l de sang pour l'infraction et 0.8 g/l de sang pour le seuil du délit.

PREMIERS SECOURS

PROTÉGER LA ZONE

En agglomération principalement, les usagers qui se côtoient sont très varies : piétons, cyclistes, motos, bus, voitures, etc. Il convient de respecter la signalisation en place et de communiquer correctement avec les autres usagers pour éviter tout accident.

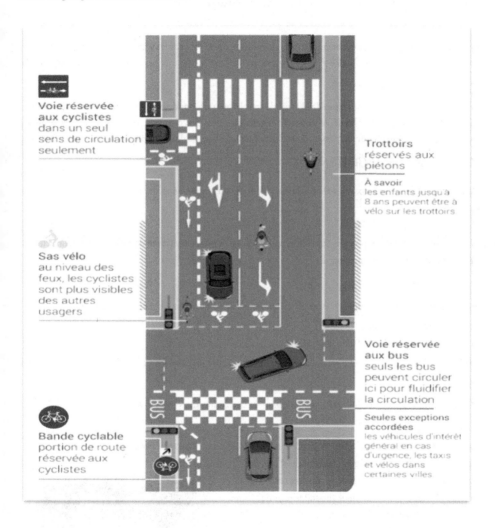

Voie réservée aux cyclistes dans un seul sens de circulation seulement

Sas vélo au niveau des feux, les cyclistes sont plus visibles des autres usagers

Bande cyclable portion de route réservée aux cyclistes

Trottoirs réservés aux piétons

À savoir les enfants jusqu'à 8 ans peuvent être à vélo sur les trottoirs

Voie réservée aux bus seuls les bus peuvent circuler ici pour fluidifier la circulation

Seules exceptions accordées les véhicules d'intérêt général en cas d'urgence, les taxis et vélos dans certaines villes

Respecter la signalisation

La signalisation permet d'indiquer les zones dédiées à chacun :

- voie réservée aux bus
- trottoir
- passage piétons
- bande cyclable

Des panneaux « Zone de rencontre » sont présents lorsque tous les usagers peuvent circuler au même endroit. La vitesse de circulation est alors limitée à 20 km/h pour les automobilistes.

Communiquer avec les autres usagers

L'usage des clignotants permet d'avertir les autres usagers des déplacements et des changements de direction. En cas de danger immédiat, sachez que l'usage du Klaxon est toléré.

Vérifier les rétroviseurs et les angles morts

Les piétons et les cyclistes peuvent empiéter sur les voies empruntées par les voitures. Il faut regarder constamment ses rétroviseurs et angles morts afin de ne pas se faire surprendre par un comportement inattendu.

Faire preuve de courtoisie

À l'examen du permis de conduire et dans la vie de tous les jours, le conducteur doit faire preuve de courtoisie au volant afin de faciliter les déplacements des autres usagers. La courtoisie peut être un simple signe de la main pour dire à un piéton de passer, ou le fait de faciliter la sortie de stationnement d'un autre véhicule.

ALERTER LES SECOURS

Après avoir sécurisé les lieux et les abords de l'accident, il faut alerter les secours.

Appel

L'alerte doit être rapide et précise. Elle doit être donnée à l'aide d'un téléphone portable ou, à défaut, d'un téléphone fixe ou d'une borne d'appel.

Par le téléphone, en composant :

- le 18 pour les pompiers ou le 112 avec un portable qui est un numéro d'appel d'urgence européen
- le 17 pour la police
- ou le 15 pour le SAMU ou le SMUR

D'un téléphone portable, même s'il est verrouillé ou emprunté à un tiers, il est toujours possible d'appeler les services d'urgence.

Par une borne d'appel : elle indique automatiquement la position aux services d'urgence.

Avec le bouton eCall
Le système européen d'appel d'urgence automatique (eCall) est un dispositif permettant à une voiture accidentée d'appeler instantanément les services d'urgence tout en envoyant sa position précise, que ses occupants soient conscients ou non, et quel que soit le pays de l'Union européenne où se trouve le véhicule.

Renseignements

Les renseignements à fournir doivent être très précis et complets.
Ils permettront aux services de secours d'adapter leur dispositif d'intervention.

- Lieu de l'accident de la manière la plus précise possible : nom de la rue, nom de la route ou de l'autoroute, borne kilométrique, etc.

- Nature du sinistre : choc contre un obstacle, nombre de véhicules impliqués

- Nombre de victimes et leur état : personne incarcérée, blessures avec saignement, perte de connaissance, etc

L'astuce du moniteur : Lorsque vous contactez un service d'urgence en cas d'accident, ne raccrochez pas tant que l'opérateur ne vous en fait pas la demande.

SECOURIR LES VICTIMES

Les personnes présentes sur les lieux doivent s'occuper des blessés en évitant des gestes qui pourraient aggraver l'état de santé.

Evaluer les blessures

En attendant l'arrivée des secours, sans connaissance médicale, il est important d'évaluer l'état des blessés : vérifier la respiration, noter les tremblements, les pertes de connaissance, les fractures ouvertes ou apparentes, et les saignements, etc.

De manière générale, il est conseillé de couvrir la personne blessée et, si possible, d'utiliser une couverture de survie.

Si une victime saigne

Un saignement qui s'arrête rapidement n'est pas considéré comme une hémorragie. Une hémorragie est caractérisée par une perte de sang prolongée et abondante, qui peut mettre la vie de la victime en danger. Pour agir efficacement, il est nécessaire de comprimer fermement l'endroit du saignement avec les doigts ou la paume de la main, en évitant autant que possible le contact direct avec la plaie pour prévenir toute infection. Si la victime est consciente, elle peut être encouragée à comprimer elle-même la plaie avec sa main.

Si la victime présente une lésion traumatique

Il s'agit de lésions des os : fractures, entorses, luxations, ou des parties du corps telles que le thorax, le dos, les membres inférieurs, ou encore de l'abdomen. Les symptômes qui permettent de mesurer l'importance du traumatisme sont divers : impossibilité de bouger, douleur aiguë, gonflement de la partie atteinte ou déformation, maux de tête et vomissements, etc.

Il est recommandé de ne pas bouger la victime, particulièrement si la douleur se situe au niveau du dos ou de la nuque, pouvant être le signe que la moelle épinière est touchée.

Si la victime perd ou a perdu connaissance

Définition : Cette position facilite les voies respiratoires et l'écoulement des liquides présents dans la gorge.

Pour apprécier l'état de conscience de la victime, il faut lui poser des questions simples (quel est son nom ?, quel jour sommes-nous ?) et lui demander d'exécuter un ordre simple (bougez vos doigts, prenez mon bras...).
Pour contrôler sa respiration, il faut allonger la victime sur le dos, lui basculer la tête en arrière, écouter et vérifier sa respiration sur 10 secondes.

Lorsque la victime ne répond pas aux sollicitations mais respire, il faut la placer en PLS.

Si la victime fait un arrêt cardiaque

Définition : Elle permet d'augmenter les chances de survie de 10 % d'une victime si elle est pratiquée rapidement. Un opérateur de secours pourra vous indiquer la démarche pour la réaliser si les secours ne sont pas encore présents sur le lieu de l'accident.

Question 1 / 10

Mon passager vient de faire un malaise. Pour alerter les secours, j'utilise en priorité :

A : mon téléphone portable

B : la borne d'appel d'urgence à droite

Question 2 / 10

Sur le lieu d'un accident il est conseillé de déplacer les blessés

A : dans tous les cas

B : seulement en cas de nécessité

Question 3 / 10

Mon passager fait un malaise, je choisis de m'arrêter :

A : avant le panneau

B : après le panneau

Question 4 / 10

La présence d'un triangle de présignalisation à bord de mon véhicule est :

A : Obligatoire

B : Recommandée

Question 5 / 10

Le triangle de présignalisation doit normalement être placé à

A : 10 mètres de l'accident

B : 20 mètres de l'accident

C : 30 mètres de l'accident

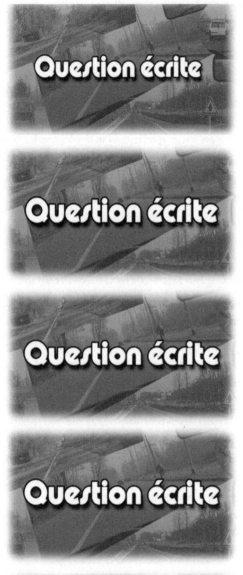

Question 6 / 10

Un DAE est

A : une formation aux premiers secours

B : l'abréviation du défibrilateur automatisé

C : une forme d'apprentissage à la conduite

Question 7 / 10

Quelle est la principale chose à faire en arrivant le premier sur un lieu d'accident ?

A : Mettre son gilet de sécurité

B :Poser le triangle de signalisation

Question 8 / 10

Une perte de connaissance c'est quand la victime :

A : respire   B : répond

Je dois alors mettre la victime en position stable sur le côté :

C : Oui   D : Non

Question 9 / 10

En arrivant sur le lieu d'un accident, je dois procéder dans l'ordre suivant :

A : Appeler les secours puis m'inquiéter de l'état des blessés

B : M'inquiéter de l'état des blessés puis appeler les secours

Question 10 / 10

Je peux utiliser un défibrillateur automatisé externe sans formation :

A : Oui   B : Non

Q1: B/ En cas d'urgence, je dois en priorité utiliser une borne d'appel d'urgence s'il y en a une à proximité. Celles-ci sont équipées d'émetteurs qui indiquent précisément ma localisation. Sur autoroute, il y a une borne placée tous les 2 km.

Dans cette situation, je peux apercevoir une borne située à droite. Je m'arrête donc sur la bande d'arrêt d'urgence et contacte les secours.

Q2: B/ Il est toujours préférable d'éviter de déplacer un blessé pour ne pas aggraver ses blessures. Je le déplace donc seulement en cas de nécessité pour sa sécurité (risque imminent d'incendie, de noyade, …).

Q3: B / Même si mon passager fait un malaise, je choisis de m'arrêter après le panneau afin de gêner le moins possible la circulation.

Q4: A/ Le conducteur doit posséder un gilet de sécurité fluorescent homologué à l'intérieur du véhicule, dans un endroit permettant de le prendre facilement avant de sortir,et un triangle de signalisation de danger homologué, à l'intérieur du véhicule.

Q5: C/ En arrivant sur les lieux d'un accident, il faut tout d'abord baliser les lieux. Pour cela le triangle de présignalisation doit être placé à 30 mètres de l'accident afin d'alerter les autres usagers du danger.

Q6: B / DAE est le sigle correspondant à Défibrilateur Automatisé Externe. On peut l'utiliser en cas d'arrêt cardiaque d'une victime sans formation préalable.

Q7: A / Avant de descendre du véhicule, on doit se vêtir de son gilet de sécurité pour être bien vu par les autres usagers, de jour comme de nuit.

Q8: A / Une victime qui a perdu connaissance respire mais ne répond pas, ni à mes questions, ni à ma demande d'effectuer des gestes simples (me serrer la main par exemple). Je dois alors la mettre en position stable sur le côté (PLS), puis j'alerte les secours et je surveille sa respiration.

Q9: B/ Il est nécessaire de faire un bref diagnostic de l'état des blessés pour renseigner au mieux les secours. De cette façon, ils pourront me donner les bonnes indications sur la démarche à suivre et organiser au mieux leur intervention.

Q10: A / Un défibrillateur automatisé externe (DAE) est sans risque, ni pour la victime, ni pour l'utilisateur. Je peux l'utiliser même si je n'ai pas de formation. Il permet de rétablir une activité cardiaque à une victime en arrêt cardiaque (ne respire pas et ne répond pas). Pour l'utiliser, je suis les inscriptions mentionnées sur le DAE, et il se déclenchera seul et uniquement si le choc est nécessaire.

PRENDRE ET QUITTER SON VÉHICULE

ENTRER DANS LE VÉHICULE

Les vérifications avant le départ

Les personnes présentes sur les lieux doivent s'occuper des blessés en évitant des gestes qui pourraient aggraver l'état de santé.

Même si on connaît parfaitement son véhicule, il faut prendre des précautions et opérer quelques vérifications simples avant de démarrer.

Les vérifications extérieures

Avant de monter à bord du véhicule, quelques points sont à vérifier :

- les pneus sont bien gonflés et ne présentent pas de déformation

- pas de trace d'huile au sol, qui serait le signe d'une fuite du moteur

- les optiques avant et arrière ne sont pas cassés ;

- le bouchon de réservoir est bien fermé et en bon état

- les vitres sont propres (dégagées de neige, boue, prospectus, poussière.

Les vérifications intérieures

Une fois à bord, le conducteur doit également

- vérifier le niveau de la jauge de carburant

- programmer le GPS et entrer les coordonnées avant de démarrer

- vérifier que le véhicule est au point mort, ou sur position P pour un véhicule automatique

- vérifier que tous les passagers sont attachés.

ATTENTION : Si le véhicule n'appartient pas au conducteur (voiture de location, voiture de fonction, prêt occasionnel), il faut vérifier le choix du carburant préconisé par le constructeur, ainsi que la présence d'un gilet rétroréfléchissant et d'un triangle de sécurité.

Les chargements

Transporter des affaires lourdes à l'avant du véhicule est fortement déconseillé puisque, en cas de freinage brutal, celles-ci vont être projetées vers l'avant et potentiellement entrainer une défaillance des airbags.

Les documents et accessoires

Le conducteur doit obligatoirement avoir certains documents et accessoires avant de prendre la route :

- un triangle de présignalisassions, dans le coffre, en cas d'accident
- un éthylotest
- le permis de conduire
- le certificat d'immatriculation
- l'attestation d'assurance
- le certificat de contrôle technique

- un gilet rétroréfléchissant à portée de main ;

Remarque : Le constat amiable et le disque de stationnement sont utiles pour les usagers, mais ils ne sont pas obligatoires.

L'astuce du moniteur : Dès que la clé de contact est actionnée, tous les voyants du tableau de bord s'allument. Vous devez vérifier qu'ils s'éteignent rapidement, notamment les voyants de niveau d'huile et de carburant.

S'installer au poste de conduite

Une bonne position et une bonne visibilité assurent de bonnes conditions de conduite.

Avoir une bonne position

Après avoir ôté veste ou manteau, tout en évitant vêtements ou chaussures qui pourraient entraver les mouvements et provoquer une gêne, le conducteur s'installe au volant. Puis il ajuste sa position. Il doit :

- régler la distance du siège aux pédales : la jambe gauche fléchie lorsque la pédale d'embrayage est enfoncée
- régler l'inclinaison du dossier de manière à être droit, et la hauteur du dossier pour avoir une bonne visibilité
- régler la position du volant, bras souples, en position dite « de 9 h 15 » ;
- régler l'appuie-tête : la partie supérieure de celui-ci doit se trouver à peu près à la hauteur du dessus de la tête. Réglage important pour éviter tout risque de « cou du lapin » ;
- régler la position des pieds : il faut faire pivoter le pied droit alternativement entre le frein et l'accélérateur, et le pied gauche entre le frein et l'embrayage.

Avoir une bonne visibilité

Le conducteur doit régler les rétroviseurs en s'asseyant bien au fond du siège afin de réduire les angles morts. Le rétroviseur intérieur doit être positionné pour voir toute la lunette arrière. Les rétroviseurs extérieurs doivent être ajustés pour inclure la portière arrière dans leur champ de vision. Cependant, ces réglages ne permettent pas de couvrir toute la vue arrière.

Exemple : Pour faire une marche arrière, le conducteur doit pouvoir se retourner complètement afin d'avoir la meilleure vision possible.

Ajuster sa ceinture

Ajuster correctement la ceinture de sécurité est essentiel pour assurer une protection efficace. La ceinture ne doit pas être distendue ; la sangle doit être bien à plat et tendue, au plus près du corps. Pour une efficacité optimale, elle doit passer sur la clavicule et les os du bassin, sans être vrillée. Le conducteur peut également régler la ceinture en hauteur, positionnant la sangle au niveau de l'épaule plutôt que du cou.

Remarque : Le non-port de la ceinture de sécurité entraîne une perte de 3 points de permis et une amende de 135 €. Si un passager de moins de 18 ans n'est pas attaché, l'amende de 135 € est à payer par le conducteur.

SORTIR DU VÉHICULE

Stationner

Avant de s'arrêter pour effectuer n'importe quelle manœuvre, vous devez obligatoirement contrôler autour de vous et mettre votre clignotant. Les contrôles doivent être renouvelés pendant toute la manœuvre, tout comme le clignotant.

Effectuer un créneau

Il faut effectuer un créneau pour se garer en double file. Vous devez suivre ces étapes :

- Reculez en ligne droite
- Commencez à braquer lorsque vous voyez le feu arrière du véhicule au bord de la vitre latérale arrière.
- Contre-braquez doucement
- Pensez toujours à remettre vos roues droites à la fin de votre manœuvre.

Effectuer un stationnement en épi selon le code de la route

Il est possible de le faire en marche avant ou arrière. Vous devrez suivre les étapes suivantes pour se garer en marche arrière à l'aide d'un véhicule dit « repère » :

- Éloignez-vous légèrement de votre repère
- Reculez en ligne droite jusqu'à ce que l'arrière de votre voiture arrive au niveau du premier feu du repère
- Reculez en braquant
- Quand la voiture est parallèle à votre repère, mettez les roues droites et reculez jusqu'au fond de votre place.

Effectuer un stationnement en bataille selon le code de la route

Il est possible de le faire en marche avant ou arrière. Mettez-vous à environ deux mètres du véhicule.

- Reculez en ligne droite. Arrêtez lorsque l'arrière de votre voiture arrive au niveau du premier feu de la voiture garée
- Reculez doucement en braquant rapidement le volant. Vérifiez l'espace entre les voitures
- Dès que la voiture est droite, redressez les roues et poursuivez la marche arrière jusqu'au bout

Quitter son véhicule

Pour quitter votre véhicule, trouvez une place de stationnement autorisée et garez-vous en effectuant un créneau, un stationnement en bataille ou en épi selon le marquage au sol. Utilisez vos clignotants pour indiquer la manœuvre. Une fois stationné, engagez le frein à main, coupez le contact, et assurez-vous de ne rien laisser de visible à l'intérieur du véhicule.

Question 1 / 10

Pour stationner en bataille arrière dans ce parking

A: Je prends l'information tout autour de mon véhicule

B: Je me retourne en vision directe sur l'arrière

C: Je m'aide uniquement des rétroviseurs

Question 2 / 10

Je dois regarder dans mon rétroviseur avant de sortir de mon véhicule

A: Oui   B: Non

Question 3 / 10

Le radar de recul permet de m'arrêter

A: seulement si je freine

B: automatiquement

Question 4 / 10

Je recherche une place pour stationner.

Je porte mon attention principalement sur :

A: Les places libres

B: Les véhicules qui quittent leur stationnement

C: Les piétons

Question 5 / 10

Le Park Assist est une aide au stationnement utile pour me garer :

A: en épi arrière

B: en bataille arrière

C: en créneau droit uniquement

D: en créneau à droite ou à gauche

Question 6 / 10

Je veux descendre de mon véhicule. Je porte mon attention sur :

- les véhicules qui arrivent de l'arrière

A: Oui   B: Non

- la bande cyclable

C: Oui   D: Non

Question 7 / 10

Pour quitter ma place de stationnement

A: je pars en marche avant

B: je pars en marche arrière

Question 8 / 10

Sur ce parking vide…

A: Je respecte les règles de circulation et reste attentif.

B: Je peux détacher ma ceinture.

Question 9 / 10

Si le parking est presque vide :

A: Je dois quand même stationner sur une place entre les lignes

B: Je peux stationner entre deux places

C: Je peux stationner sur les voies de circulation

Question 10 / 10

Avant de sortir de mon véhicule , j'évalue :

A: la distance des véhicules qui arrivent à l'arrière

B: la vitesse des véhicules qui arrivent à l'arrière

Pour cela, je regarde au moins deux fois dans mon rétroviseur extérieur :

C: Oui   D: Non

PRENDRE ET QUITTER SON VÉHICULE

Q1: A et B/ En stationnant la priorité est à la circulation et aux piétons éventuels. Je m'informe donc tout autour de mon véhicule et me retourne pour effectuer la marche arrière.

Q2: A/ Je dois non seulement bien vérifier dans le rétroviseur avant d'ouvrir ma portière mais aussi vérifier l'angle mort sur le côté du véhicule pour descendre en toute sécurité.

Q3: A / Le radar de recul m'informe par un signal sonore de la proximité d'un obstacle à l'arrière de mon véhicule. Je dois toutefois freiner pour m'arrêter avant le choc.

Q4: C / Globalement, mon attention doit se porter sur tout ces points mais principalement sur les piétons qui peuvent ne pas être attentifs à la circulation. Je recherche donc leur présence, même entre les voitures, et j'anticipe leur zone d'incertitude (zone dans laquelle ils peuvent évoluer instantanément). Un choc, même à faible allure, avec un piéton, usager vulnérable, a souvent de graves conséquences.

Q5: A , B et D Le système du Park Assist est une aide au stationnement sur les créneaux à droite ou à gauche, en épi ou en bataille arrière. Ce système prend la direction du véhicule lors du stationnement et lors de la sortie.

Q6: A et C / Se précipiter pour descendre de son véhicule peut toujours être une source de danger. Avant de descendre, je porte mon attention sur les véhicules qui arrivent sur l'arrière et qui pourraient être surpris par l'ouverture ma portière. D'autre part, je contrôle dans mon angle mort gauche sur la bande cyclable afin de ne pas surprendre ou heurter un deux-roues.

Q7: A / Les lignes qui délimitent les places de stationnement sont continues mais ne sont pas infranchissables, contrairement aux lignes continues qui délimitent les voies de circulation ou certains accotements. La voie étant libre devant moi, la solution la plus simple et la plus sécurisante est de repartir en marche avant.

Q8: A / Un parking reste un lieu de circulation soumis aux règles du code de la route. Un autre usager peut facilement me surprendre. La ceinture est obligatoire et nécessaire, même en circulant à petite allure.

Q9: A / Même sur un parking vide je veille à quitter mon véhicule bien stationné, dans une case entre les lignes qui délimitent le stationnement, afin de ne pas gêner les autres usagers.

Q10: A, B et C/ Pour ne pas surprendre ou heurter les véhicules qui arrivent à l'arrière, j'évalue leur distance et leur vitesse. Pour cela, je regarde au moins deux fois dans mon rétroviseur extérieur. Si un véhicule grossit rapidement entre ces deux coups d'œil, c'est qu'il arrive rapidement sur moi. Je contrôle aussi l'angle mort gauche avant d'ouvrir la portière.

SÉCURITÉ DES PASSAGERS ET DU VÉHICULE

L'INSTALLATION SÉCURISÉE

Installer les adultes et les enfants

Le conducteur est personnellement responsable des occupants de son véhicule, notamment s'ils sont mineurs.

Le port de la ceinture

Il est obligatoire pour tous les occupants du véhicule, à l'avant comme à l'arrière. L'amende encourue est de 135 euros si les passagers de moins de 18 ans n'ont pas bouclé leur ceinture.

Les passagers majeurs seront, quant à eux, personnellement sanctionnés.

Une place équipée d'une ceinture correspond à une seule personne, quel que soit son âge.

Il est possible de demander une dispense, sur présentation d'un certificat médical.

Les airbags

Ils ne remplacent pas la ceinture de sécurité. Ils servent d'amortisseurs de chocs. Ils peuvent être frontaux ou latéraux. Pour une protection optimale, aucun objet ne doit se trouver entre les airbags et l'occupant du véhicule. Un icone rouge apparaît si l'airbag passager est désactivé.

Les animaux

Pour transporter un animal, il est recommandé de le placer dans une cage ou de l'isoler à l'arrière avec une barrière. L'installer à côté du conducteur est déconseillé. Un animal de grande taille doit être transporté dans le coffre ou sur la banquette arrière du véhicule.

Bénéfices de la ceinture : Sans ceinture, à 50 km/h, un passager peut mourir. Avec ceinture, à 50 km/h, le passager sera indemne.

Les enfants

Les enfants de moins de 10 ans (moins de 135 cm) doivent être installés dans un siège homologué ou sur un rehausseur lorsqu'ils voyagent en voiture. Les bébés de 0 à 1 an (moins de 13 kg, de 40 à 85 cm) doivent être placés dans un siège bébé, idéalement dos à la route. Les enfants de 9 mois à 4 ans (moins de 18 kg, de 80 à 135 cm) doivent être sécurisés dans un siège homologué (baquet, harnais ou réceptacle) face à la route.

Les enfants de 3 à 12 ans (moins de 36 kg, de 100 à 150 cm) doivent utiliser un rehausseur et être attachés avec la ceinture de sécurité.

Attention : Si vous utilisez un siège bébé à l'avant, dos à la route, il est essentiel de désactiver l'airbag passager. Un voyant sur le tableau de bord indiquera que l'airbag est désactivé. Si l'airbag ne peut pas être désactivé, il est interdit de placer le siège bébé à l'avant du véhicule.

LES NOUVEAUX ÉQUIPEMENTS DE SÉCURITÉ

Les aides technologiques

La plupart des véhicules sont aujourd'hui pourvus d'aides technologiques. Celles-ci sont destinées à améliorer la sécurité des passagers.

Le régulateur de vitesse

Il permet de garder une vitesse constante.

Il permet de stabiliser la vitesse avec précision sans avoir besoin d'appuyer sur l'accélérateur ou sur le frein.

Les véhicules qui en sont équipés se déconnectent immédiatement en cas de forte pression sur la pédale de frein. Ce régulateur est parfait pour l'autoroute. Cependant, une mise en garde est nécessaire car il peut faire perdre sa vigilance au conducteur.

ATTENTION : Par temps de pluie, le régulateur n'est pas recommandé en raison des risques d'aquaplaning.

Le limiteur de vitesse

Il permet au conducteur de ne pas dépasser la vitesse qu'il a déterminée à l'avance.

Il se déconnecte plutôt manuellement ou par pression plus forte sur l'accélérateur.

Il est adapté à la conduite en ville.

Le radar de recul ou caméra de recul

Il détecte les obstacles par des ultrasons. Une alarme avertit le conducteur. La caméra de recul permet de voir réellement l'obstacle à l'arrière. Toutefois, elle ne remplace pas une vérification en vision directe par le conducteur.

Les avertisseurs d'angles morts

Le système affiche un point jaune dans le rétroviseur extérieur lorsqu'un véhicule roulant est détecté.

Les aides au changement de vitesse

Un voyant sur le tableau de bord aide au passage des vitesses, en indiquant les moments où il faut passer à la vitesse supérieure ou rétrograder.

Spas

L'assistance active au stationnement : des capteurs ultrasoniques vont déterminer l'espace de stationnement et les manœuvres vont se faire automatiquement. Il en est de même pour quitter le stationnement.

Le GPS

Ce système de positionnement par satellite est capable de donner une position, de jour comme de nuit, n'importe où dans le monde. Il guide le conducteur, l'avertit des difficultés, lui rappelle la vitesse autorisée de manière sonore et visuelle.

ATTENTION : Il est recommandé de ne pas quitter la route des yeux plus de 2 secondes.

LES AIDES À LA CONDUITE

Le freinage

Chaque véhicule doit obligatoirement être équipé de deux dispositifs de freinage indépendants : le frein principal, actionné grâce aux pédales situées aux pieds du conducteur et le frein à main, situé près du levier de vitesse.

Il y a deux systèmes de freinage :

Le frein à main et le frein principal, ils fonctionnent indépendamment

Le frein principal

En général, il est hydraulique, il agit sur les quatre roues.

Lorsque l'on appuie sur la pédale de frein, un piston s'enfonce dans le maître-cylindre qui contient de l'huile. Cette huile est envoyée vers les cylindres récepteurs de chaque roue.

Il existe les freins à disque (à l'avant). La pression du liquide agit sur les plaquettes qui sont solidaires de la roue.

Et le frein à tambour (à l'arrière). La pression du liquide écarte deux mâchoires qui frottent sur le tambour qui est solidaire à la roue.

Il est très important de vérifier le niveau du liquide de frein.

Le frein de secours : le frein à main

Il est relié aux mâchoires par des câbles et il immobilise les roues d'un même essieu.

Il sert au véhicule à rester stable lors de son stationnement.

Il sert aussi à faire ralentir le véhicule quand le frein principal ne fonctionne plus et après avoir utilisé le frein moteur.

Comment utiliser les freins?

Pour faire un freinage d'urgence, il faut appuyer énergiquement sur la pédale de frein.

Dans une forte et longue pente, il faut utiliser le frein moteur pour éviter l'échauffement des freins. Dans cette situation, on utilise le freinage par intermittence.

Certains véhicules sont équipés d'A.B.S, qui est une aide au freinage. Il évite le blocage des roues lors du freinage.

La tenue de route

Comme les aides au freinage, les aides à la tenue de route permettent de limiter les risques d'accident mais elles ne sont pas là pour contrebalancer des excès de vitesse.

L'ESP dans le code de la route

Définition : L'ESP provient du terme anglais « Electronic Stability Program ». En français, on le traduit par « correcteur électronique de trajectoire ».

Selon le code de la route, l'ESP est un programme de stabilité électronique qui aide le conducteur à maintenir la trajectoire de son véhicule. En cas de glissade, l'ESP répartit le freinage sur toutes les roues pour compenser le dérapage, et ainsi ramener le véhicule sur la bonne trajectoire.

ATTENTION : Lorsque l'ESP se déclenche, cela signifie que le conducteur n'a pas été capable d'adapter sa vitesse à la route. Si le voyant clignote lors de la conduite, le conducteur doit ralentir.

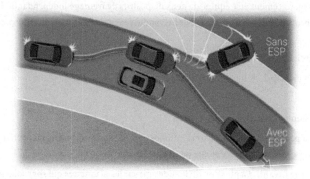

L'ASR, l'ASC et l'EDS dans le code de la route

Définition : Antipatinage des roues

Selon le code de la route, l'ASR, l'ASC et l'EDS sont des systèmes antipatinage qui empêchent les roues motrices de patiner lors de l'accélération.

Astuce du moniteur : Il est possible de désactiver l'ESP dans certaines situations, par exemple lorsque les conditions empêchent votre voiture de progresser. Par temps de neige, désactiver l'ESP peut vous permettre de faire patiner les roues pour avancer.

Question 1 / 10

Je peux suivre le véhicule qui dépasse

A: Oui   B: Non

Question 2 / 10

La voiture derrière moi ne respecte pas la distance de sécurité et se montre pressante. J'accélère :

A: Oui   B: Non

Question 3 / 10

En cas de freinage d'urgence, le dispositif ABS fonctionne correctement lorsque :

A: je freine à fond sans relâcher la pression

B: je freine par pressions successives

Question 4 / 10

Modifier les réglages du siège et de l'appui-tête est sans danger

- à l'arrêt

A: Oui   B: Non

- en conduite

C: Oui   D: Non

Question 5 / 10

L'ABS raccourcit les distances de freinage :

A: Oui   B: Non

Si je sens l'ABS s'actionner, je relâche la pédale de frein :

C: Oui   D: Non

Question 6 / 10

Dans cette situation :

A: j'ai le temps de passer

B: je m'arrête

Question 7 / 10

Je suis en excès de vitesse

A: Oui   B: Non

Question 8 / 10

Je peux me déplacer sur la voie de droite :

A: Oui   B: Non

Question 9 / 10

Je peux suivre le véhicule qui dépasse

A: Oui   B: Non

Question 10 / 10

Je peux m'arrêter sur cet emplacement pour chercher des affaires dans mon coffre

A: j'ai le temps de passer

B: je m'arrête

Q1: A/ Dans cette situation, aucun véhicule ne me dépasse. Je peux suivre le véhicule qui dépasse devant moi. J'avertis donc de mon changement de voie et je m'engage.

Q2: B/ La voiture derrière moi ne respecte pas les distances de sécurité. Je continue à rouler à la même vitesse et je ne cède pas à la pression.

Q3: A / Le dispositif ABS (antiblocage système)est un dispositif de freinage permettant de freiner fortement sans bloquer les roues. Il s'active en cas de freinage d'urgence, lorsqu'on appuie à fond sur la pédale de frein sans relâcher la pression.

Q4: A et D / A partir du moment où un conducteur doit modifier les réglages du siège et de l'appui-tête, c'est qu'il n'est pas prêt pour démarrer. Il est très risqué de réaliser ces réglages en conduite.

Q5: B et D/ L'ABS ou ABR est un système qui évite le blocage des roues en cas de freinage fort. Il ne raccourcit pas les distances de freinage mais permet de garder le contrôle de la trajectoire du véhicule. Si je sens que l'ABS se déclenche (coups dans la pédale de frein), je garde le pied sur le frein au risque sinon que mon véhicule continue de glisser.

Q6: B/ Le feu rouge de ce passage à niveau est allumé. Cela signale l'arrivée d'un train. Je dois donc m'arrêter avant les barrières du passage à niveau.

Q7: B/ Lorsque qu'un radar pédagogique détecte qu'un véhicule est en excès de vitesse, il affiche la vitesse en rouge. Ce n'est pas le cas ici, je ne suis donc pas en excès de vitesse.

Q8: B/ Je ne peux pas me déplacer sur la voie de droite. Je dois attendre d'avoir une ligne discontinue car il est interdit de circuler sur les zébras. Je reste donc placé où je suis.

Q9: A Dans cette situation, je peux suivre le véhicule qui dépasse car je circule sur une chaussée à double voies de circulation, séparée par une terre plein central et une ligne blanche continue à gauche.

Q10: B/ Cet emplacement est un emplacement d'arrêt d'urgence. Il est interdit de s'arrêter ou de stationner sauf en cas d'urgence. Je continue donc jusqu'à la prochaine aire autoroutière pour récupérer des affaires dans mon coffre.

MÉCANIQUE ET LES ÉQUIPEMENTS DE SÉCURITÉ

Les principaux organes du véhicule

Pour circuler en sécurité, le conducteur doit connaître le fonctionnement de son véhicule et avoir une bonne vue d'ensemble.

Le châssis

Colonne vertébrale de la voiture, il est prévu pour se déformer ou résister, pour protéger les conducteurs et les occupants du véhicule en cas de choc.

Le moteur dans le code de la route

Dans les voitures modernes, le moteur est toujours situé à l'avant, sous le capot. Le moteur est commandé par la pédale de l'accélérateur, située tout à droite. C'est la pédale 3 sur l'image.

Une poignée située à gauche du conducteur dans l'habitacle permet d'ouvrir le capot.

1 - Pédale d'embrayage

2 - Pédale de frein

3 - Pédale d'accélérateur

La boîte de vitesses dans le code de la route

Elle est automatique ou mécanique. Elle permet de contrôler le régime du moteur. Le levier de vitesse permet de changer de vitesse et, pour cela, il faut débrayer à l'aide de la pédale de gauche

Point mort	Aucune vitesse enclenchée.
1ère vitesse	Démarrage, vitesse lente avec puissance élevée.
2ème vitesse	Lancement du véhicule.
3ème vitesse	Intermédiaire de vitesse et de puissance.
4ème vitesse	Allure de croisière économique.
5ème vitesse	Vitesse élevée avec puissance réduite.

L'embrayage dans le code de la route

Définitions :

- Débrayer : Appuyer sur la pédale d'embrayage pour séparer le moteur des roues. Le conducteur peut alors changer de vitesse.

- Embrayer : Relâcher la pédale d'embrayage pour mettre en contact le moteur et les roues.

Il est commandé par la pédale gauche 1, avec le pied gauche. En position débrayée, les roues ne sont pas entraînées par le moteur, vous actionnez alors une vitesse. En position embrayée, les roues sont entraînées à la vitesse enclenchée et le véhicule avance.

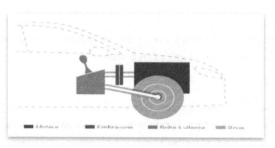

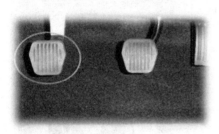

Les suspensions dans le code de la route

Les suspensions assurent la bonne tenue de la route. Les pneus, en contact permanent avec le sol, assurent la stabilité du véhicule lors du freinage ou pour prendre des virages.

La transmission assure la liaison entre le moteur et les roues. L'embrayage permet de séparer le moteur des roues motrices pour changer de vitesse.

Les principaux freins dans le code de la route

À disque ou à tambour (plus rares de nos jours), les freins sont implantés sur les quatre roues.

Le frein principal est celui qui agit sur les quatre roues en même temps.
Il est commandé par la pédale 2, au milieu, actionnée avec le pied droit. Pour freiner avec efficacité, il est préférable de ne pas appuyer trop fort sur la pédale de frein.

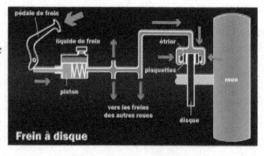

Le frein à main dans le code de la route s'utilise seulement lorsque le véhicule est à l'arrêt. Il permet de bloquer les roues arrière et de maintenir le véhicule en position d'arrêt prolongé (même lorsque le moteur tourne). Il peut également servir comme frein de secours.

Le frein moteur dans le code de la route ralentit le véhicule lorsque le conducteur lâche l'accélérateur et rétrograde les vitesses.

L'astuce du moniteur : En descente, il vaut mieux freiner par intermittence pour éviter un échauffement des plaquettes ou des mâchoires de freins. Si le véhicule vient d'un endroit humide, les freins peuvent ne plus répondre.

Il faut alors les assécher en procédant par petites pressions sur la pédale.

Surveillance et entretien

Les freins sont essentiels. Il faut veiller au bon fonctionnement du circuit de freinage, à commencer par le niveau et la qualité du liquide de frein, et bien sûr à l'étanchéité du circuit : toute fuite doit être détectée et réparée immédiatement. Plaquettes et mâchoires doivent être impérativement remplacées avant usure totale, même si le voyant du tableau de bord ne s'allume pas pour signaler l'usure.

Le tableau de bord

Le tableau de bord permet au conducteur d'avoir sous les yeux les informations nécessaires pour circuler. Il faut en connaître l'ergonomie pour savoir où sont les emplacements des différentes commandes sans que cela ne vienne distraire ou perturber la conduite.

Les compteurs

Le compteur de vitesse permet de vérifier l'allure du véhicule, tandis que le compte-tours affiche le régime du moteur et indique à l'usager s'il doit passer à la vitesse supérieure ou rétrograder.

ATTENTION : Si le voyant du liquide de refroidissement s'allume et reste rouge, il faut s'arrêter le plus rapidement possible.

Les commandes

Selon les véhicules, l'emplacement des commandes peut varier.

ATTENTION : Si vous prenez une voiture pour la première fois, regardez où se situe toutes les commandes avant de démarrer.

Les feux, les clignotants et les essuie-glaces s'activent généralement à l'aide des commandes qui se trouvent à gauche et à droite du volant.

Les commandes liées à la ventilation se trouvent également sur le tableau de bord

Les voyants

Les voyants rouges

Le rouge signale un danger...Lorsqu'ils sont allumés, ces voyants exigent une intervention immédiate, par exemple si le niveau de liquide de frein est trop faible ou si le moteur surchauffe. On ne doit pas circuler avec l'un de ces voyants allumés !

Les voyants jaunes

Ces voyants attirent l'attention et ren seignent sur une fonction en cours d'utilisation telle que la mise en service du starter, du dégivrage de la glace arrière ou la mise en route du feu de brouillard arrière.

Les voyants bleus ou verts

Les voyants verts ou bleus signalent l'allumage des feux : feux de position, feux de croisement, feux de route, feux avant de brouillard et indicateurs de changement de direction (clignotants).

Tous les véhicules n'ont pas les mêmes voyants et le même nombre. Il convient de se référer au livret du constructeur selon les modèles.

Autre exemple : Ce voyant indique une anomalie au niveau :

A - des pneumatiques

B - des plaquettes de frein

C - du moteur

D - du liquide de refroidissement

Ce voyant est le témoin de pression basse des pneumatiques. Je dois donc les gonfler de nouveau et vérifier leur état.

L'éclairage

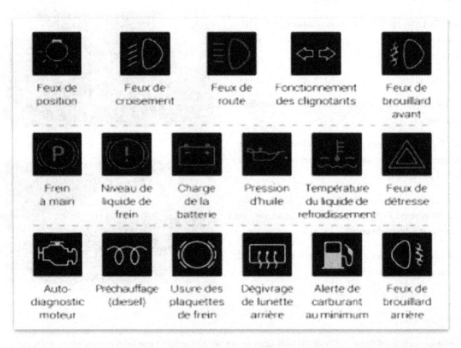

Un véhicule doit obligatoirement avoir des feux fonctionnels. Si ce n'est pas le cas, le propriétaire du véhicule s'expose à une amende. Il faut par conséquent toujours avoir une boîte d'ampoule à bord du véhicule. Ainsi, il pourra les changer immédiatement s'il y en a une qui grille. Les ampoules peuvent être jaunes ou blanches. Rappel : la nuit, il est interdit de circuler sans feux, même dans une agglomération éclairée !

L'éclairage principal

Feux de route

Les véhicules sont équipés de deux feux de route (aussi appelés « pleins phares »), ils éclairent à 100m minimum et éblouissent les autres usagers. Il faut penser à les enlever quand on croise un autre véhicule.

Quand les utiliser ?

La nuit, en cas de chaussée non éclairée, et quand aucune voiture ne roule en sens inverse (dans ce cas, il faut repasser en feux de croisement).

Feux de croisement

Les véhicules sont équipés de deux feux de croisement (aussi appelés « codes »), ils éclairent à 30 m minimum et n'éblouissent pas les autres usagers.

Quand les utiliser ?

En toute circonstance la nuit, et le jour hors ou en agglomération par temps de pluie, de brouillard ou de neige. Ils permettent à la fois d'être vu des autres conducteurs et de mieux voir la route.

Feux de position

Les véhicules sont équipés de deux feux de position (aussi appelés « veilleuses »), ils éclairent à 150m, ils n'éblouissent pas les autres usagers. Ils ont pour seul rôle d'être mieux vu des autres conducteurs, ils ne permettent pas de mieux voir la route.

Quand les utiliser ?

La nuit dans une agglomération bien éclairée, et le jour en agglomération uniquement par temps de pluie, de brouillard ou de neige.

Feux stop

Les véhicules sont équipés de deux ou trois feux stop (ils s'allument lorsque l'on actionne la pédale de frein).

Feux de brouillard

Feux de brouillard avant

Les véhicules peuvent être équipés de feux de brouillard avant mais ils ne sont pas obligatoires. Ils éclairent à 150 m.

Quand les utiliser ?

Leur action se combine à celle des feux de croisement, on peut donc les utiliser en plus des feux de croisement quand il pleut, en cas de brouillard ou de chute de neige. On peut aussi les utiliser pour améliorer notre visibilité sur une route très sinueuse

Feux de brouillard arrière

Les véhicules doivent être équipés au minimum d'un feu de brouillard arrière. Ils éclairent à 150 m. Ils éblouissent énormément donc il faut faire attention à leur utilisation. S'il n'y en a qu'un il sera toujours positionné à gauche.

Quand les utiliser ?

Uniquement en cas de brouillard ou de neige. Jamais quand il pleut car ils éblouiraient les autres conducteurs.

Autres éclairages divers

Feux de stationnement

Les véhicules peuvent être équipés de feux de stationnement. Ils sont situés sur les côtés et émettent une lumière

orange vers l'avant ou
l'arrière ou, une lumière blanche à l'avant et rouge à l'arrière.

Feux indicateurs de direction

Les véhicules doivent être équipés de feux indicateur de direction (clignotants), il y en a deux à l'avant et deux à l'arrière, il peut y en avoir des latéraux.

Signal de détresse

Les véhicules doivent être équipés de feux de signal de détresse (feux de détresse), ce sont les clignotants droits et les gauches en même temps

Les dispositifs réfléchissants

Les véhicules doivent être équipés de catadioptres qui se trouvent à l'arrière. Ils servent à éclairer le véhicule lorsqu'il est à l'arrêt, et quand un véhicule passe.

L'ENTRETIEN

Contrôles d'entretien

Il est indispensable d'effectuer des contrôles au moins chaque mois ou tous les 2 000 km. Les niveaux de liquide s'effectuent moteur à froid. Il faut donc vérifier :

- Le niveau de l'huile moteur, si besoin en rajouter ;
- Le niveau de liquide de refroidissement, si besoin en rajouter ;
- Le niveau de liquide de frein, si ce n'est pas le cas, faire contrôler le système de freinage par un spécialiste ;
- Le niveau suffisant de produit lave-glace ;
- L'état des balais d'essuie-glace et les changer si nécessaire ;
- Vérifier le bon fonctionnement de l'éclairage ;
- Vérifier la pression des pneus et leur état à froid.

Contrôle technique

Il est obligatoire pour les véhicules âgés de plus de 4 ans et doit être renouvelé tous les 2 ans. Si le contrôle révèle des anomalies liées à la sécurité (exemple : pneus usés ou ampoules défectueuses), le véhicule est soumis à une contre-visite (à faire dans les 2 mois).

Lors de la vente d'un véhicule, le contrôle technique doit dater de moins de 6 mois.

Après le passage au contrôle technique, le centre contrôle appose une vignette sur le pare-brise (image à gauche) indiquant jusqu'à quelle date le contrôle technique est valable. Il est indiqué aussi des informations sur la carte grise. Seule l'attestation sur la carte grise, le récépissé ou l'attestation du centre de contrôle constitue une preuve que le contrôle technique a bien été effectué.

Question 1 / 10

L'ESP permet de :

- diminuer la distance de freinage

A: Oui   B: Non

- corriger la trajectoire du véhicule en cas de dérapage

C: Oui   D: Non

Question 2 / 10

Quelle pédale a une action directe sur les roues ?

A: la pédale 1

B: la pédale 2

C: la pédale 3

Question 3 / 10

Avec cette commande, je peux régler les rétroviseurs latéraux

A: Oui   B: Non

Question 4 / 10

Le niveau de liquide de refroidissement de cette voiture est suffisant :

A: Oui   B: Non

Question 5 / 10

Quel élément peut provoquer la décharge de la batterie ?

A: un manque de carburant

B: l'autoradio

C: la climatisation

D: les feux

Question 6 / 10

Où se situe la bande de roulement de ce pneumatique ?

A: en 1

B: en 2

Question 7 / 10

Ce pneu est en bon état

A: Oui   B: Non

Question 8 / 10

Une usure anormale des pneumatiques peut être due à :
- des pneus sur-gonflés

A: Oui   B: Non
- un défaut de parallélisme

C: Oui   D: Non

Question 9 / 10

Ce voyant indique une anomalie au niveau A: des pneumatiques

B: des plaquettes de frein

C: du moteur

D: du liquide de refroidissement

Question 10 / 10

Ce voyant vert indique que

A: mes feux de route sont allumés

B: mes feux de brouillard avant sont allumés

C: mes feux de croisement sont allumés

D: mes feux de position sont allumés

Q1: B et C / L'ESP est un programme électronique de stabilité qui permet de corriger la trajectoire en cas de dérapage. Mais à vitesse trop élevée, si la force centrifuge est plus forte que l'adhérence, la perte de contrôle sera inévitable, même avec un véhicule équipé d'ESP.

Q2: B/ La pédale 2 (la pédale de frein) a une action directe sur les roues. La pédale 1 (l'embrayage) a une action sur la boite de vitesse. La pédale 3 (l'accélérateur) a une action sur Wle moteur du véhicule.

Q3: A / Cette commande permet de régler les rétroviseurs extérieurs droit et gauche du véhicule.

Q4: B / Le niveau du liquide de refroidissement est en-dessous du niveau minimum conseillé. Je dois donc en ajouter à condition que le moteur soit froid.

Q5: B , C et D/ La batterie se décharge lorsque tous les appareils électroniques sont en marche, comme l'autoradio, la climatisation ou encore les feux. Le manque d'essence a une influence directe sur le moteur, mais pas sur la batterie.

Q6: A/ La bande de roulement est la partie du pneu qui entre en contact avec la route, par opposition avec le flanc qui est le côté du pneu.

Q7: B/ Ce pneumatique n'est pas en bon état : en effet, une déchirure est visible sur le flanc et elle peut causer l'éclatement du pneu. Il faut donc immédiatement faire changer ce pneu par un professionnel.

Q8: A et C/ Un surgonflage entraîne une usure anormale du pneu dans sa partie centrale. Si l'usure semble anormale et rapide, cela peut être dû en partie à un défaut de parallélisme.

Q9: A/ Ce voyant est le témoin de pression insuffisante des pneumatiques. Il faut donc les regonfler et vérifier leur état.

Q10: C / Ce voyant vert indique que mes feux de croisement sont allumés. Le voyant des feux de route est bleu. Celui des feux de brouillard avant et des feux de position est vert également, mais le symbole est différent.

RESPECT DE L'ENVIRONNEMENT

L'ÉCO-CONDUITE

L'éco-conduite est la prise en compte par les conducteurs de leur rôle dans la lutte contre le réchauffement climatique et pour l'économie des énergies.

C'est un nouvel état d'esprit dont l'objectif est avant tout ÉCOLOGIQUE (lutte contre la pollution) mais aussi ECONOMIQUE (faire des économies d'argent).

L'éco-conduite passe par l'achat d'un véhicule écologique avec un aide de l'état (prime) et des gestes à faire au quotidien en conduisant ou en entretenant son véhicule.

Achat d'un véhicule selon l'éco-conduite

L'achat d'un véhicule peut être l'occasion de choisir un modèle à faible émission de CO2. Cette information est mentionnée sur l'étiquette énergie qui renseigne également sur la consommation de carburant. Le système bonus-malus visé à inciter le consommateur à choisir un véhicule à faible consommation de CO2.

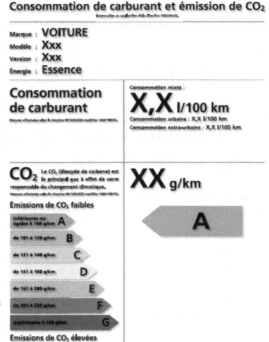

Chaque année est décidée du montant du bonus ou du malus.

Depuis du 1er janvier 2013, la prime versée pour l'achat d'un véhicule dont les émissions de CO2 sont inférieur à 90 g de CO2/km. Au contraire, pour les véhicules émettant plus de 117 g de CO2/km, un malus doit être acquitté par l'acheteur.

L'émission de CO2 est indiquée sur les cartes grises des véhicules neufs et parfois sur celles des véhicules d'occasion.

Conduite économique

Démarrer doucement et éviter les trajets courts

C'est au démarrage que la consommation de carburant est la plus élevée. La voiture consomme environ 10 à 15 fois plus de carburant lors du premier kilomètre qu'à chaud. Roulez à vitesse très modérée sans pousser les vitesses pendant au moins une minute après un démarrage à froid.

Éviter les surrégimes

Trop pousser les vitesses entraînent jusqu'à 20 % de consommation de carburant supplémentaire. Pour bien passer les vitesses, ne poussez pas les rapports, accélérez franchement et passez rapidement la vitesse supérieure.

Maintenir une vitesse régulière

A l'accélération, l'énergie du carburant est utilisée pour propulser le véhicule. Une partie de cette énergie est perdue au freinage. Par conséquent, des accélérations et des freinages répétés demandent beaucoup d'énergie.

Anticiper pour moins consommer

Éviter les accélérations et les freinages inutiles pouvant causer une hausse de consommation de carburant (40 %). Soyez attentif, observez au loin et anticipez. Éviter d'accélérer inutilement alors qu'un stop se profile à l'horizon, qu'une file de voiture est à l'arrêt…

Réduire sa vitesse

Si l'on réduit de 10 km/h sur autoroute, c'est 10 % d'économie.

Ne pas laisser tourner son moteur inutilement

Arrêter le moteur lors d'un arrêt prolongé (exemple : bouchon).

Ne pas rouler au point mort

Le point mort = c'est la position de la boîte de vitesse où le moteur est découplé des roues. Les roues tournent dans le vide.

Rouler au point mort entraîne une consommation de carburant. De plus c'est dangereux, car en cas de freinage d'urgence, une voiture au point mort sera très difficile à arrêter. Donc dans les descentes, utilisez le frein moteur. Il suffit de relâcher complètement la pédale d'accélération, voir de rétrograder si vous en avez besoin pour utiliser le frein moteur.

Vérifier régulièrement la pression des pneus et particulièrement avant des longs trajets

En plus d'être dangereux, rouler avec des pneus sous gonflés, consomme plus de carburant. Rouler avec des pneus sous-gonflés peut entraîner une surconsommation de carburant atteignant 8 %.

Diminuer l'utilisation d'appareils électriques

Tous les appareils électriques consomment du carburant. Parmi eux : la climatisation, l'autoradio, les feux, les GPS… Donc n'abuser pas de la climatisation. Préférer l'utilisation de la ventilation classique.

Ôter tout poids inutile

Un véhicule chargé, en particulier sur le toit, présente une résistance à l'air plus importante, ce qui augmente aussi la consommation. Les porte-bagages de toit accroissent la consommation de carburant. Par exemple, des barres de toit inutilisées entraînent tout de même une consommation de 7,5% supérieure à la normale sur votre véhicule, à 120 km/h.

Entretenir sa voiture

Avoir des pneus en parfait état, faire les vidanges (tous les ans), changer les filtres quand ils sont encrassés.

L'ÉCO-MOBILITÉ

Tenir compte de l'environnement

Pour permettre une meilleure prise en compte de l'environnement, il faut modifier certaines habitudes et utiliser la voiture autrement.

Le covoiturage

Éviter de circuler seul dans sa voiture en pratiquant le covoiturage.

Le conducteur définit au préalable la date, le prix et l'horaire du trajet. La pratique du covoiturage réduit les coûts de déplacement, la pollution, les embouteillages et les nuisances sonore.

L'autopartage

Recourir à l'autopartage, permet de louer une voiture ponctuellement pour des petits trajets.

Avec l'autopartage, il est possible d'utiliser en libre-service des voitures garées dans différents parkings mis à la disposition des usagers par les villes. Il réduit l'encombrement des villes et la pollution.

Grâce à l'autopartage entre particuliers, ceux-ci peuvent proposer leur voiture à la location ou, au contraire, en louer une.

Une assurance particulière est prévue pour le temps de la location.

Les parkings-relais sont de vastes parkings aménagés à l'entrée des villes, à proximité des réseaux de transport en commun. Gratuits ou à faible coût, ils permettent également de réduire l'encombrement des villes et la pollution.

On peut éviter tout déplacement inférieur à 2 km avec son véhicule : aujourd'hui, il est plus facile de mutualiser les transports pour aller travailler ou pour certains loisirs.

Les transports en commun

Utiliser tous les transports en commun (bus, métro, tramway).

Le vélo et la marche

Privilégier le vélo et la marche à pied pour les courtes distances.

En cas de pic de pollution

Des mesures préfectorales peuvent être mises en place : circulation alternée, gratuité du stationnement et/ou limitation de circulation selon la vignette CRIT'Air.

La vignette CRIT'Air permet de déterminer le niveau de pollution de votre véhicule. La vignette verte correspond aux véhicules éco-responsables qui n'émettent aucun polluant. Quant aux cinq autres niveaux, plus le chiffre se rapproche du 5, plus le véhicule pollue. Lors des pics de pollution, les voitures les plus polluantes peuvent être interdites de circuler dans certaines zones.

Question 1 / 10

Cette commande permet de régler :

A: Le rétroviseur extérieur droit

B: Le rétroviseur intérieur

C: Le rétroviseur extérieur gauche

Question 2 / 10

Si je roule à 130 km/h au lieu de 90 km/h, la résistance de l'air est

A: constante

B: multipliée par 2

C: multipliée par 4

Question 3 / 10

Anticiper un ralentissement permet de :

A: Augmenter ma consommation de carburant

B: Diminuer ma consommation de carburant

Question 4 / 10

Dans une descente je peux me mettre au point mort pour réduire ma consommation de carburant

A: Oui   B: Non

Question 5 / 10

Les bandes et pistes cyclables

A: favorisent l'éco-mobilité

B: sont une gêne pour la circulation des voitures

C: permettent aux cyclistes de circuler plus en sécurité

Question 6 / 10

Le fait de se déplacer en bus

A: diminue la pollution

B: diminue les embouteillages

C: est plus coûteux que de se déplacer en voiture

Question 7 / 10

En ville, pour se déplacer sur des trajets courts, je privilégie :

A: Les transports en commun

B: La voiture

C: Le vélo

Question 8 / 10

Je suis « écomobile » si, en ville, j'utilise :

A: Une voiture essence

B: L'autopartage

C: Les transports en commun

D: Un vélo

Question 9 / 10

Le covoiturage permet

A: De libérer plus de places de stationnement

B: De diminuer les rejets de CO2

C: De faire des économies

D: De diminuer le temps de trajet

Question 10 / 10

Dans cette courte descente en ville :

A: Je relâche l'accélérateur

B: Je rétrograde

C: J'accélère

Q1 : A et C/ Cette commande située sur la portière côté conducteur permet de régler les rétroviseurs extérieurs droit et gauche. Je dois veiller à toujours régler mes rétroviseurs avant de conduire afin d'avoir la meilleure visibilité possible.

Q2 : B/ Quand un véhicule roule, il est confronté à une résistance de l'air. Plus un véhicule roule vite, plus cette résistance est élevée. A 130 km/h elle est 2 fois plus importante qu'à 90 km/h. Cela a donc une incidence sur la consommation de carburant.

Q3 : B / Dès que je relâche l'accélérateur et utilise la force d'inertie du véhicule, je ne consomme plus de carburant pour avancer. Le fait d'anticiper un ralentissement me permet donc de moins consommer.

Q4 : B/ Le fait de se mettre au point mort dans une descente ne permet pas d'abaisser la consommation de carburant. De plus, cette pratique n'utilise pas le frein moteur, ce qui peut être dangereux.

Q5 : A et C/ Les bandes et pistes cyclables sont conçues spécialement pour les cyclistes et leurs permettent de circuler en sécurité. De plus, elles favorisent l'éco-mobilité. Elles ne constituent pas une gêne car, au contraire, les cyclistes n'empruntent pas la voie commune de circulation.

Q6 : A et B/ Le bus transporte beaucoup plus de passagers qu'une voiture. Il permet la diminution de la circulation, donc la diminution de la pollution et des embouteillages. L'entretien, le carburant, le stationnement ... reviennent vite cher pour l'utilisation d'une voiture. Il est donc bien moins coûteux de se déplacer en bus.

Q7 : A et C/ Se déplacer en voiture ou en moto en ville doit se faire en cas de nécessité. J'utilise de préférence les transports en commun ou le vélo pour diminuer la pollution et rendre la circulation plus fluide donc plus sûre.

Q8 : B ,C et D/ Être « écomobile » c'est choisir son mode de déplacement pour limiter son impact environnemental. Ainsi, je suis « écomobile » si j'utilise l'autopartage, c'est-à-dire un véhicule qui ne m'appartient pas, mais qui est loué via une société ou entre particuliers. Ce système a l'avantage d'inciter les usagers à choisir la voiture en fonction de leurs besoins et non plus systématiquement. Beaucoup de véhicules d'autopartage sont électriques. Prendre les transports en commun ou choisir un mode de transport doux (marche à pied, vélo, trottinette) c'est également être « écomobile ».

Q9 : A ,B et C/ Le covoiturage est le fait de prendre un seul véhicule pour plusieurs personnes. De ce fait la pollution est moindre et les places de stationnement plus nombreuses. Je peux aussi réaliser des économies en partageant les frais de carburant avec les passagers.

Q10 : A/ Dans une descente, j'évite des freinages et/ou des accélérations inutiles. En relâchant l'accélérateur mon véhicule ne consomme plus de carburant pour avancer, ce qui me permet de moins polluer. Je ne rétrograde pas ici pour avoir du frein moteur car aucun danger ne se présente à l'avant.

NOTIONS DIVERSES

Conduire en sécurité, c'est décider et agir en fonction de son propre véhicule, mais aussi en fonction des autres usagers. Il est donc indispensable de connaître les risques liés à certaines catégories d'usagers, ainsi que la conduite à adopter.

Vous devez :

1. Faciliter la circulation des transports en commun

2. Etre vigilant vis-à-vis des piétons et des deux-roues

3. Savoir tenir compte des véhicules lents et/ou encombrants

4. Laisser le passage et faciliter la circulation des véhicules prioritaires.

LA COHABITATION SUR LA ROUTE

Généralités

En agglomération principalement, les usagers qui se côtoient sont très varies : piétons, cyclistes, motos, bus, voitures, etc. Il convient de respecter la signalisation en place et de communiquer correctement avec les autres usagers pour éviter tout accident.

Respecter la signalisation

La signalisation permet d'indiquer les zones dédiées à chacun :

- voie réservée aux bus

- trottoir

- passage piétons

- bande cyclable

Des panneaux « Zone de rencontre » sont présents lorsque tous les usagers peuvent circuler au même endroit. La vitesse de circulation est alors limitée à 20 km/h pour les automobilistes.

Communiquer avec les autres usagers

L'usage des clignotants permet d'avertir les autres usagers des déplacements et des changements de direction. En cas de danger immédiat, sachez que l'usage du Klaxon est toléré.

Vérifier les rétroviseurs et les angles morts

Les piétons et les cyclistes peuvent empiéter sur les voies empruntées par les voitures. Il faut regarder constamment ses rétroviseurs et angles morts afin de ne pas se faire surprendre par un comportement inattendu.

Faire preuve de courtoisie

À l'examen du permis de conduire et dans la vie de tous les jours, le conducteur doit faire preuve de courtoisie au volant afin de faciliter les déplacements des autres usagers. La courtoisie peut être un simple signe de la main pour dire à un piéton de passer, ou le fait de faciliter la sortie de stationnement d'un autre véhicule.

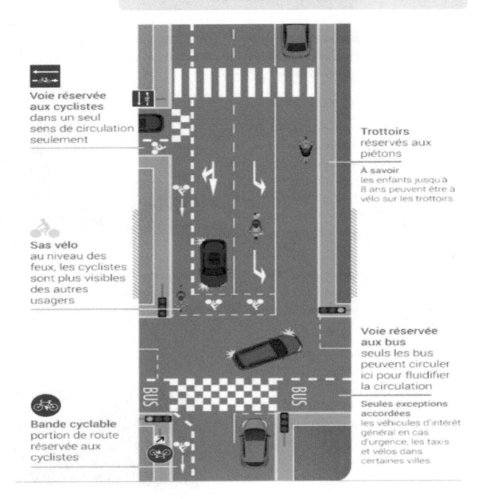

Voie réservée aux cyclistes dans un seul sens de circulation seulement

Sas vélo au niveau des feux, les cyclistes sont plus visibles des autres usagers

Bande cyclable portion de route réservée aux cyclistes

Trottoirs réservés aux piétons

À savoir les enfants jusqu'à 8 ans peuvent être à vélo sur les trottoirs.

Voie réservée aux bus seuls les bus peuvent circuler ici pour fluidifier la circulation

Seules exceptions accordées les véhicules d'intérêt général en cas d'urgence, les taxis et vélos dans certaines villes.

LES PARTICULARITES DES AUTRE USAGERS

Les piétons et les cyclistes

Toute personne ne se déplaçant pas à moteur peut être considérée comme un piéton : marcheur, personne qui pousse un landau, qui tient à la main un deux-roues, qui se déplace en fauteuil roulant, etc. Les cyclistes sont, quant à eux, souvent imprévisibles. Mais que dit le code de la route pour les piétons et les cyclistes ?

Les enfants et les personnes âgées

Les enfants

Ils ne perçoivent pas la circulation comme les adultes en raison de leur petite taille et apprécient très mal les vitesses. Leur attention est limitée, et ils ne pensent plus du tout à la circulation sur la route lorsqu'ils jouent. Par conséquent, il est indispensable de faire preuve de la plus grande prudence à leur approche car ils peuvent avoir des réactions imprévisibles.

Les personnes âgées

Elles sont vulnérables car elles se déplacent avec peine et ont des difficultés à voir et à entendre les véhicules. La traversée de la voie peut prendre plus de temps pour elles. Il faut également tenir compte du fait qu'elles peuvent méconnaître les règles de circulation.

Le passage piétons dans le code de la route

Selon le code de la route, les piétons doivent emprunter les passages piétons lorsqu'il en existe à moins de 50 mètres. À l'approche d'un passage piétons, le conducteur doit ralentir, s'arrêter et céder le passage aux piétons déjà engagés. Les piétons sont prioritaires dès qu'ils manifestent la simple intention de s'engager sur la chaussée : leur position sur le bord du trottoir, leur gestuelle ou leur allure indiquent qu'ils vont traverser.

ATTENTION : Même si un piéton ne se trouve pas au niveau d'un passage pour piétons, le code de la route dit que s'il est engagé sur la chaussée, il faut lui céder le passage. Même si le signal lumineux autorisant les piétons à traverser est passé au rouge, il faut attendre que tous les piétons aient fini de traverser pour redémarrer.

Les cyclistes dans le code de la route

Les cyclistes ont des voies et des feux qui leur sont dédiés. Le conducteur devra en tenir compte et être attentif, notamment le long des bandes ou des pistes cyclables.

Piste et bande cyclables

Ici, le cycliste circule sur une bande cyclable.

À ne pas confondre avec une piste cyclable qui est séparée de la chaussée par un terre-plein ou qui se trouve sur un trottoir.

Parfois, les cyclistes peuvent circuler sur la même voie que les automobilistes lorsqu'il n'y a pas de voies réservées à leur mode de transport.

ATTENTION : Dans ces situations, les cyclistes peuvent s'écarter des véhicules en stationnement pour leur sécurité. Ils peuvent ainsi empêcher tout dépassement pendant une partie de route.

Le franchissement des feux

Les cyclistes peuvent parfois passer alors que le feu est rouge pour les autres usagers. C'est le cas avec ces feux par exemple : le cycliste peut tourner à droite malgré le feu rouge.

Les cyclomoteurs et les motos

La cohabitation entre les voitures, les cyclomoteurs et les motos nécessite la plus grande vigilance afin d'assurer la sécurité de tous.

Vigilance et courtoisie

Avec leur gabarit réduit et leurs accélérations parfois très fortes, les motos peuvent surprendre les autres usagers. Avant de doubler un autre véhicule ou de changer de file, il faut s'assurer dans ses rétroviseurs qu'un deux-roues n'arrive pas à grande vitesse.

ATTENTION : Le conducteur doit faire très attention aux angles morts. L'accélération et la taille de ces engins permettent de passer à des endroits où une voiture ne passe pas et ils ne sont pas toujours visibles.

L'astuce du moniteur : Lorsque, sur route, un motard souhaite doubler, il est conseillé de lui faciliter la manœuvre en s'écartant légèrement.

La circulation interfile

La circulation des deux-roues motorisés entre les files de voitures est autorisée dans 11 départements : les 8 départements d'Île-de-France, les Bouches-du-Rhône, le Rhône et la Gironde.

Toutefois, cette pratique est soumise à des conditions strictes. Elle est possible uniquement :

- sur les autoroutes et routes à deux voies séparées par un terre-plein central

- où la vitesse est au moins égale à 70 km/h

- et lorsque la circulation est dense

Les motards ne doivent pas circuler à plus de 50 km/h et n'ont pas le droit de se doubler entre les files.

Les véhicules encombrant

Les poids lourds, bus et véhicules lents peuvent surprendre par leur vitesse et par leur encombrement. Découvrez les spécificités liées à ces véhicules encombrants.

Les camions, autocars et autres engins agricoles peuvent surprendre par leur vitesse lente et par leur encombrement.

Les poids lourds dans le code de la route

La perte de visibilité

Les poids lourds, de par leur gabarit, peuvent masquer la visibilité des conducteurs qui les suivent : configuration de la route (proximité d'un virage ou d'une intersection), présence de véhicules venant de face.

Afin de contrer ce manque de visibilité, il faut augmenter les distances de sécurité et s'éloigner le plus possible des poids lourds selon le code de la route.

Faciliter le passage

Les véhicules longs (jusqu'à 25 mètres) ont besoin de s'écarter sur la gauche pour tourner à droite lorsqu'ils se déportent. Il faut leur faciliter le passage si vous arrivez en face.

Sur autoroute, à l'entrée de la voie d'accélération, le conducteur qui circule déjà sur l'autoroute doit faciliter l'insertion du poids lourd en changeant de voie pour lui laisser la possibilité de s'élancer.

La limitation de vitesse

Les poids lourds roulent à des vitesses limitées. Elles sont indiquées à l'arrière de leur véhicule.

L'astuce du moniteur : Par vent fort, lors du dépassement d'un camion, la voiture peut être déportée sur la gauche. Il faut donc anticiper ce risque en tenant fermement le volant.

Les bus

Même s'il dispose d'une voie réservée, le véhicule de transport en commun peut changer de file et emprunter les autres voies de circulation. À l'approche d'un véhicule de transport en commun immobilisé à un arrêt, il faut ralentir pour anticiper une possible manœuvre de déboîtement ou l'irruption d'un piéton.

Les véhicules lents dans le code de la route

Le code de la route classe ces véhicules lents dans la catégorie des véhicules utilitaires des villes comme les véhicules de nettoyage, les véhicules d'ordures ménagères, mais aussi les tracteurs agricoles. Ils sont équipés de gyrophares de couleur jaune mais ne sont pas considérés comme prioritaires.

Ils se déplacent lentement, s'arrêtent souvent et il peut y avoir des hommes qui travaillent autour.

Les véhicules d'urgence

Certains véhicules bénéficient de la priorité ou de la facilité de passage. Il est important de connaître les différents cas de figure afin de pouvoir y être correctement confronté.

Un certain nombre de véhicules sont prioritaire ou facilité de passage en raison de leur fonction.

La priorité de passage

Lorsqu'ils actionnent leurs sirènes et leurs gyrophares, les véhicules d'intervention d'urgence sont prioritaires.

Sont prioritaires sur tous les autres usagers, les véhicules :

- de police nationale et municipale ;

- de gendarmerie ;

- de lutte contre l'incendie ;

- d'intervention d'urgence (SAMU et SMUR) ;
- des douanes ;
- du ministères de la Justice affectés au transport de détenus.

Lors des croisements et dépassements

Quand ils actionnent leurs avertisseurs sonores (sirènes) et lumineux (gyrophares de couleur bleue), il faut leur céder ou leur faciliter le passage, au besoin en se rangeant sur le bord de la chaussée.

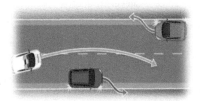

Aux intersections, même s'ils ne sont pas prioritaires

En mission, il faut aussi leur céder le passage aux intersections. Ils ne sont pas assujettis à la signalisation (feux tricolores, marquage au sol, sens de circulation) et leur vitesse n'est pas limitée. Il est interdit de les suivre.

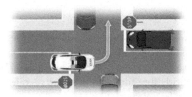

La facilité de passage

Bien que non prioritaires, certains véhicules d'intervention rapide bénéficient de facilité de passage : ambulances, véhicules de secours (gaz, électricité), de déneigement, médecins d'urgence, etc.

Lors des croisements et dépassements

Ils sont en principe tenus de respecter la signalisation, mais il faut leur permettre de circuler rapidement lorsqu'ils utilisent leurs avertisseurs sonores et lumineux.

Aux intersections, ils ne sont pas prioritaires

Même lorsqu'ils ont leurs avertisseurs sonores et lumineux, ils doivent respecter la signalisation.

Ici, l'ambulance a ses gyrophares allumés. Toutefois, elle ne doit pas griller le stop et doit respecter la signalisation. Les autres conducteurs pourront passer avant elle, mais en veillant à lui faciliter le passage lorsqu'ils se croiseront.

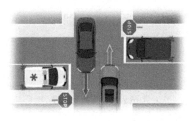

Les nouveaux moyens de mobilité urbaine

Les NVEI (Nouveaux Véhicules Electriques Individuels) et les VAE (Vélos à Assistance Electrique) ont révolutionné la manière de circuler en centre-ville. Pratiques et plus écologiques que certains véhicules à moteur classiques, la législation autour de l'usage de ces nouveaux moyens de transport entrera en vigueur en septembre 2019. Quels changements sont à prévoir ?

Les NVEI, qui sont-ils ?

Les véhicules considérés comme faisant partis des NVEI sont :

- Les trottinettes électriques

- Les Hoverboards
- Les Gyroroue
- Les Gyropodes et Segway
- Les Skates électriques

De part les innovations croissantes en terme de mobilité urbaine, cette liste de NVEI est amenée à évoluer.

La vitesse maximale des NVEI varie selon leur nature :

- 15 km/h pour l'hoverboard,
- 20 km/h pour le Gyroroue,
- 25 km/h pour la trottinette électrique et le skateboard électrique

Quelle réglementation ?

Assimilés à des piétons, les engins de déplacement personnel non motorisés ont le droit de circuler sur les trottoirs. Qu'en est-il des NVEI ? N'appartenant à aucune catégorie d'usagers du code de la route, il n'existe aucune réglementation spécifique régissant l'usage de ces types de moyens de transport. A défaut de textes officiels, il est admis que ces usagers devaient respecter le code de la route et la réglementation en vigueur pour les piétons.

Une nouvelle loi est prévue pour encadrer l'utilisation des Nouveaux Véhicules Électriques Individuels (NVEI) et clarifier leur statut dans le code de la route, avec des règles destinées à garantir la sécurité des utilisateurs et des autres usagers de la route. Les règles générales :

- Adopter un comportement prudent pour la sécurité de l'utilisateur et des autres usagers
- Être âgé de 8 ans minimum pour avoir le droit d'utiliser un NVEI
- Le transport de passager et de marchandises est interdit
- Interdiction de porter à l'oreille des écouteurs ou tout appareil susceptible d'émettre du son

Les règles liées aux équipements à avoir :

- Les utilisateurs âgés de moins de 12 ans doivent obligatoirement porter un casque
- Par visibilité insuffisante, il est obligatoire de porter un vêtement/équipement rétro-réfléchissant
- Les NVEI doivent être équipés de feux (avant et arrière), de dispositifs rétro-réfléchissants, de freins et d'un avertisseur sonore
- Il est interdit de circuler à bord d'un NVEI dont la vitesse maximale n'est pas limitée à 25 km/h

Les règles liées à la circulation :

- Il est interdit de circuler sur les trottoirs à bord d'un NVEI. Sur un trottoir, les NVEI doivent être conduits à la main, sans faire usage du moteur
- En agglomération, il est obligatoire de circuler avec un NVEI sur des pistes cysclables/bandes cyclables ou sur les routes dont la vitesse maximale autorisée est de 50 km/h
- Hors agglomération, il est obligatoire de circuler sur les voies vertes et les pistes-cyclables. Il est formellement interdit de circuler sur la chaussée.
- Le stationnement sur un trottoir est uniquement possible s'il ne gêne pas la circulation des piétons

LE PERMIS À POINTS

Le permis est constitué de 12 points. Le nouveau détenteur du permis n'en a que 6 (permis probatoire).

Un conducteur est susceptible de perdre des points en fonction d'un barème. Il ne peut pas perdre plus de 8 points lors d'une même interpellation.

Chaque année, si aucune infraction n'a été constatée, il obtient 2 points de plus (3 s'il a suivi un Apprentissage Anticipé de la Conduite).

Un conducteur ayant perdu 1 point suite à une infraction mineure pourra le récupérer au terme d'1 an sans infraction.

Dans les autres cas, le solde de points initiaux est rétabli après 3 ans sans pertes de points.

Pour accélérer la récupération de points, il est possible d'effectuer un stage de formation (1 tous les 2 ans au maximum) permettant de récupérer 4 points. Ce stage est obligatoire pour les conducteurs détenteurs du permis probatoire ayant un retrait de 3 à 5 points.

Attention : Un permis probatoire peut être invalidé en commettant une seule infraction entraînant une perte de 6 points.

Barème de retrait des points

Retrait de 1 point :

- Excès de vitesse de 1 à 19 km/h
- Chevauchement d'une ligne continue seule ou quand elle n'est pas doublée par une ligne discontinue du côté de l'usager. Il y a chevauchement de la ligne dès que le véhicule la franchit même en partie.

Retrait de 2 points :

- Excès de vitesse de 20 à 29 km/h
- Accélération par le conducteur sur le point d'être dépassé

Retrait de 3 points :

- Excès de vitesse de 30 à 39 km/h
- Circulation sans motif à gauche sur une chaussée à double sens
- Dépassement dangereux
- Franchissement de ligne continue
- Non-respect de la distance de sécurité entre 2 véhicules
- Changement important de direction sans que le conducteur se soit assuré que la manœuvre est sans danger pour les autres usagers et sans qu'il ait averti ceux-ci de son intention.
- Circulation sur bande d'arrêt d'urgence
- Arrêt ou stationnement dangereux
- En conduisant, usage d'un téléphone tenu en main, d'un kit mains libres, d'une oreillette ou d'un casque

- Défaut de port de ceinture de sécurité
- Non respect de la transparence des vitres avant (pare-brise, vitres conducteur et passager)
- Non respect du transport des passagers dans la limite du nombre de place assises

Retrait de 4 points :

- Excès de vitesse de 40 à 49 km/h
- Refus de priorité
- Non-respect de l'arrêt au feu rouge, au stop ou au cédez le passage
- Circulation en sens interdit
- Circulation de nuit ou par visibilité insuffisante sans éclairage

Retrait de 6 points :

- Conduite avec un taux d'alcoolémie égal ou supérieur à 0,5 g / litre de sang ou 0,25 mg / litre d'air expiré.
- Conduite après usage de stupéfiants.
- Refus de se soumettre aux vérifications d'alcoolémie ou au dépistage, analyses et examens médicaux en vue de déterminer la conduite sous l'influence de substances ou plantes classées comme stupéfiantes.
- Non respect de l'obligation de conduire un véhicule équipé d'un dispositif homologué d'anti-démarrage par éthylotest électronique.
- Excès de vitesse de 50 km/h et plus.
- Transport, détention, usage d'appareil destiné à déceler ou perturber les contrôles (détecteurs de radars).
- Non-respect de l'obligation de céder le passage au piéton s'engageant régulièrement dans la traversés d'une chaussée ou circulant dans une zone piétonne ou une zone de rencontre.
- Conduite malgré une suspension administrative ou judiciaire du permis de conduire ou une rétention du permis de conduire
- Blessures involontaires causées à un tiers et entraînant une interruption de travail de plus de 3 mois

La perte du permis

Lorsque le solde de points est épuisé, le permis de conduire est automatiquement invalidé. Le conducteur doit alors attendre au moins 6 mois avant de pouvoir repasser les examens nécessaires pour récupérer le ou les permis qu'il détenait. De plus, il doit être jugé apte à conduire après avoir passé un examen médical et psychotechnique, qu'il doit financer lui-même. En cas de récidive de conduite en état d'ivresse ayant provoqué un homicide involontaire, ce délai d'annulation est prolongé à 10 ans.

LES INFRACTIONS ET LES DÉLITS

Généralités

En agglomération principalement, les usagers qui se côtoient sont très variés : piétons, cyclistes, motos, bus, voitures, etc. Il convient de respecter la signalisation en place et de communiquer correctement avec les autres usagers pour éviter tout accident.

Respecter la signalisation

La signalisation permet d'indiquer les zones dédiées à chacun :

- voie réservée aux bus
- trottoir
- passage piétons
- bande cyclable

Des panneaux « Zone de rencontre » sont présents lorsque tous les usagers peuvent circuler au même endroit. La vitesse de circulation est alors limitée à 20 km/h pour les automobilistes.

Communiquer avec les autres usagers

L'usage des clignotants permet d'avertir les autres usagers des déplacements et des changements de direction. En cas de danger immédiat, sachez que l'usage du Klaxon est toléré.

Vérifier les rétroviseurs et les angles morts

Les piétons et les cyclistes peuvent empiéter sur les voies empruntées par les voitures. Il faut regarder constamment ses rétroviseurs et angles morts afin de ne pas se faire surprendre par un comportement inattendu.

Faire preuve de courtoisie

Lors de l'examen du permis de conduire, ainsi que dans la conduite quotidienne, le conducteur doit faire preuve de courtoisie pour faciliter les déplacements des autres usagers. Cela peut se manifester par un simple geste de la main pour laisser passer un piéton ou en aidant un autre véhicule à sortir d'une place de stationnement.

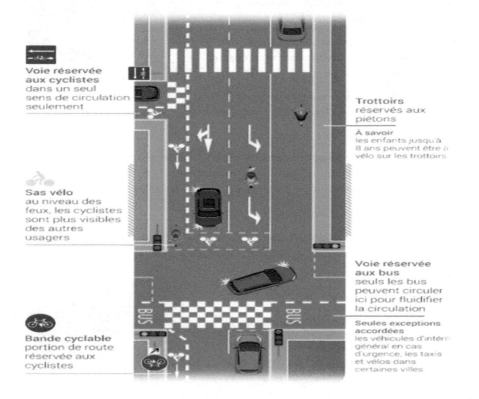

CONDUIRE AVEC UN CHARGEMENT

Les bagages et les objets encombrants

La carte grise précise le poids total autorisé pour le chargement de véhicule (PTAC) et le poids total que le véhicule est autorisé à déplacer (PTRA).

Les bagages

Ceux-ci sont placés dans le coffre. S'ils sont à l'intérieur, ils seront placés le plus bas possible pour ne pas modifier la tenue de route.

Éviter la plage arrière car les objets deviennent des projectiles en cas d'accident.

Le chargement extérieur

Pour transporter des objets sur la galerie du véhicule, il faut veiller à ce que le chargement ne dépasse pas l'avant du véhicule, ni de plus de 3 mètres l'arrière du véhicule.

En longueur, si le chargement dépasse de plus d'un mètre, il est obligatoire de se munir d'un dispositif réfléchissant homologué ; la nuit, il doit être lumineux.

En largeur, il ne faut pas excéder 2,55 mètres maximum.

Le code de la route ne fixe pas une limite pour la hauteur : seul un panneau peut vous indiquer l'accès.

Le chargement installé doit être placé bien au centre du véhicule, parfaitement arrimé, ni trop grand ni trop lourd pour ne pas allonger la vitesse de freinage.

Dans le cas où l'objet transporté masquerait la plaque d'immatriculation, il faut fixer une deuxième plaque sur l'objet transporté.

Le réglage des pneus et des phares

Pour compenser l'effet du poids supplémentaire, il est conseillé d'augmenter la pression des pneus de 200 à 300 g, de réduire la vitesse et d'anticiper les freinages. Si vous voyagez de nuit, pensez à régler les phares, car la charge supplémentaire peut abaisser leur hauteur, réduisant ainsi la visibilité nocturne.

Conduire avec une remorque ou une caravane

Selon le poids de la remorque ou de la caravane, le conducteur peut avoir besoin de passer un permis spécial. Tirer une caravane ou une remorque peut changer le comportement du véhicule qui tracte.

Le permis B

Il suffit si :

le poids total autorisé en charge (PTAC) de la remorque ne dépasse pas 750 kilos

le PTAC de la remorque est supérieur à 750 kilos lorsque le PTAC total (voiture + remorque) ne dépasse pas 3,5 tonnes.

Le permis B et la formation B96

Si le total des PTAC (voiture + remorque) est supérieur à 3,5 tonnes sans dépasser 4,250 tonnes, le permis B est suffisant à condition de suivre en plus la formation B96 de 7 heures.

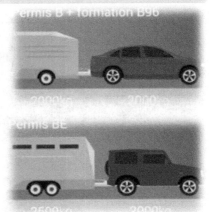

Le permis BE

Si le PTAC de la remorque est supérieur à 750 kilos et si le total des PTAC (voiture + remorque) excède 4,250 tonnes, sans dépasser 7 tonnes, le permis BE est obligatoire.

Les équipements complémentaires

Selon le poids de la remorque, des équipements complémentaires pourront être nécessaires pour assurer une bonne visibilité et une conduite sécurisée : freins, éclairages et rétroviseurs complémentaires. Au-delà de 500 kilos, la remorque doit avoir sa propre carte grise, son numéro d'immatriculation et une attestation d'assurance.

La conduite

Le conducteur doit anticiper un temps de freinage plus long, car le poids de la remorque influence et complique le freinage. Il est également important de maintenir des distances de sécurité plus grandes. Dans les virages, en raison du poids, de la hauteur et des roues de la remorque, il est essentiel de réduire la vitesse pour assurer une meilleure tenue de route.

Question 1 / 10

Les piétons sont des usagers vulnérables

A: Oui   B: Non

Ils sont prioritaires lorsqu'ils sont engagés sur la chaussée

C: Oui   D: Non

Question 2 / 10

Je fais signe à ce piéton de passer.

A: Oui   B: Non

Question 3 / 10

Je souhaite stationner pour faire une course. Je choisis :

- l'emplacement numéro 1

A: Oui   B: Non

- l'emplacement numéro 2

C: Oui   D: Non

Question 4 / 10

Je peux dépasser ce cycliste immédiatement

A: Oui   B: Non

Question 5 / 10

Je circule plus rapidement que le véhicule à gauche :

A: je le dépasse en restant dans cette voie

B: je klaxonne

C: je fais un appel lumineux

D: je ralentis

Question 6 / 10

La roue de secours se trouve

A: en 1

B: en 2

C: en 3

Question 7 / 10

Circuler sans avoir assuré au préalable son véhicule est sanctionné

A: d'une amende de 135€

B: d'une amende de 3 750€

C: d'une peine de prison

D: cette infraction est un délit

Question 8 / 10

Je peux vérifier seul le fonctionnement des clignotants

A: Oui   B: Non

Question 9 / 10

Seul dans mon véhicule, je peux vérifier le fonctionnement des feux de stop

A: Oui   B: Non

Question 10 / 10

Je désactive mon régulateur de vitesse

A: Oui   B: Non

Q1: A et C/ Un usager est considéré comme vulnérable lorsqu'il n'a aucune protection, comme c'est le cas pour les piétons. De plus, lorsqu'ils sont engagés sur la chaussée ou manifestent leur intention de traverser à hauteur d'un passage piéton, ils ont la priorité de passage.

Q2: A/ Ce piéton manifeste son intention de traverser. Il est également sur un passage pour piétons. Je m'arrête et je lui fais signe de passer.

Q3: B et C/ Pour stationner, je dois choisir l'emplacement numéro 2 puisque le numéro 1 est un emplacement réservé aux véhicules de livraison.

Q4: B/ Ce cycliste circule au bord droit de la chaussée et non sur une bande cyclable, le manque de visibilité et le véhicule que je rencontre en face rendrait un dépassement dangereux.

Q5: A et D/ Un radar pédagogique indique la vitesse à laquelle je circule en temps réel. Lorsque la vitesse limite est dépassée, elle s'affiche en rouge sur le radar. Je circule à 44 km/h en agglomération où la vitesse est limitée à 50 km/h et rien ne nécessite de ralentir dans cette situation.

Q6: A/ La roue de secours est en général située en 1. Il suffit de tirer la poignée et lever le bas du coffre pour accéder à cette roue de secours.

Q7: B et D/ Le défaut d'assurance est un délit. Le conducteur du véhicule est sanctionné d'une amende de 3 750€ et risque également l'annulation de son permis de conduire

Q8: A/ Je peux, à l'arrêt, activer les clignotants et vérifier si les ampoules fonctionnent en sortant de mon véhicule.

Q9: B/ Pour vérifier l'état et le fonctionnement des feux de stop, il faut qu'une personne appuie sur la pédale de frein. Je ne peux donc pas vérifier leur fonctionnement seul en sortant de mon véhicule.

Q10: A/ J'arrive à hauteur d'un péage, je vais donc devoir m'arrêter. Je désactive mon régulateur de vitesse et je ralentis afin de ne pas arriver trop vite.

Accès de 1500 questions en ligne

LA SIGNALISATION

Qu'est-ce qu'un panneau ?

Pour comprendre le sens des panneaux, il faut d'abord remarquer leurs formes :

Triangulaire = Danger

Rond = Ordre : Interdiction ou Obligation

Carré = Indication

Rectangulaire = Localisation

Flèche = Direction

La couleur joue aussi un rôle fondamental dans la lecture des panneaux.

PANONCEAUX

Un panonceau est un petit panneau supplémentaire qui complète les informations des panneaux de signali sation. En général, il est placé sous le panneau principal et fournit des détails ou des précisions supplémen taires sur sa signification. Il existe différentes catégories de panonceaux.

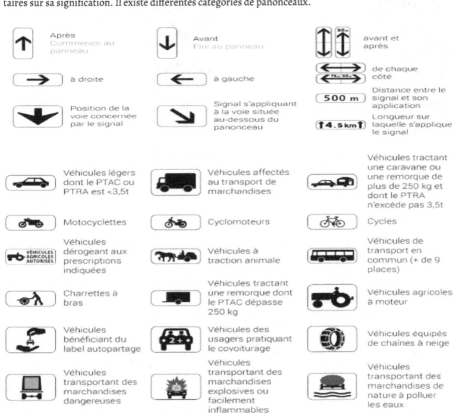

LA SIGNALISATION

 La longueur excède le nombre indiqué. Ce panonceau concerne tous les véhicules et pas uniquement les camions

 Véhicules pesant (poids réel), sur 1 essieu, plus que le nombre indiqué

 Le PTAC ou le PTRA excède le nombre indiqué

 Véhicules affectés au transport de marchandises dont le PTAC ou le PTRA excède le nombre indiqué

 La hauteur, chargement inclus, excède le nombre indiqué

 La largeur, chargement inclus, excède le nombre indiqué

PANNEAUX DE DANGER

 Indication diverses par inscriptions

 Autorise les cyclistes à franchir un feu tricolore pour prendre la direction indiquée par la flèche

 Mention écrite de la nature du danger temporaire

 Indique que le passage pour piétons est surélevé

 Indique que le panneau associé concerne une aire de danger aérien

 Emplacement doté d'un poste d'appel d'urgence et d'un moyen de lutte contre l'incendie (second panonceau)

 Ne s'applique pas aux riverains

 Voie ferrée électrifiée : la hauteur des fils de contact est inférieure à 6 mètres

Les panneaux de danger ont une forme triangulaire avec un fond blanc et une bordure rouge. Habituellemen t, ils sont placés à environ 50 mètres en agglomération et à 150 mètres hors agglomération avant le danger sig nalé. Leur objectif est d'alerter les usagers de la route des zones nécessitant une attention accrue en raison de la présence d'obstacles ou de dangers potentiels.

 Virage à gauche

 Virage à droite

 Succession de virages dont le 1er est à gauche Le 2e peut être à gauche ou à droite

 Succession de virages dont le 1er est à droite Le 2e peut être à gauche ou à droite

 Chaussée glissante

 Risque de chute de pierres ou de pierres tombées

Chaussée rétrécie par la gauche

 Chaussée rétrécie par la droite

 Chaussée rétrécie Peut être rétrécie par la droite, par la gauche ou des 2 côtés

 Pont mobile

 Débouché sur un quai ou une berge

 Cassis ou dos-d'âne

 Descente dangereuse

 Circulation dans les deux sens C'est le seul panneau de danger qui est implanté en position et non 50 ou 150 mètres avant le danger

Dangers liés aux autres usagers

 Endroit fréquenté par des enfants

 Débouché de cyclistes de droite ou de gauche

 Passage de cavaliers

 Traversée de voies de tramway

 Traversée de voie de services réguliers de transport en commun

 Traversée d'une aire de danger aérien

Dangers liés aux autres usagers

 Passage d'animaux sauvages

  Passage d'animaux domestiques

 Vent latéral Une manche à air peut indiquer la direction et la force du vent

 Autres danger, La nature de ce danger peut être précisée par un panonceau

PANNEAUX D'INTERDICTION

Les panneaux d'interdiction ont une forme circulaire avec un fond blanc et une bordure rouge, à l'exception du panneau « sens interdit » qui est rouge avec une bande blanche.

Interdictions d'accès

 Circulation interdite (à tout véhicule dans les deux sens)

  Sens interdit (à tout véhicule)

Circulation sous conditions

 Céder le passage à la circulation venant en sens inverse

 Maintenir un intervalle de sécurité entre 2 véhicules au moins égal à l'intervalle indiqué

 Vitesse maximale autorisée

Tous véhicules à moteur

 Véhicules à moteur à l'exception des cyclomoteurs

 Piétons

 Cycles

 Cyclomoteurs

 Motocyclettes

 Véhicules de transport en commun

 Véhicules affectés au transport de marchandise

 Véhicules tractant une remorque ou une caravane de plus de 250kg

 Véhicules agricoles à moteur

 Véhicules à traction animale

 Véhicules à bras

Interdiction d'accès a certains usagers:

 Tous véhicules à moteur

 Produits explosifs ou facilement inflammables

 Produits de nature à polluer les eaux

 Largeur, chargement compris, supérieure au nombre indiqué

 Hauteur, chargement compris, supérieure au nombre indiqué

 Longueur, chargement compris, supérieure au nombre indiqué

 PTAC ou PTRA supérieur au poids indiqué*

 Poids réel sur 1 essieu supérieur au nombre indiqué

* Le PTAC ou le PTRA est indiqué sur la carte grise du véhicule

Interdiction d'accès a certains chargements:

 À droite

 À gauche

 Interdiction de faire demi-tour jusqu'à la prochaine intersection

Interdiction d'accès a certains chargements:

 Interdiction de dépasser tous les véhicules à moteur autres que ceux à 2 roues sans side-car

 Interdiction de dépasser pour les véhicules de transport de marchandises de plus de 3,5t
Ce panneau ne concerne donc pas les automobilistes

 Arrêt au poste de péage

 Arrêt au poste de douane

 Arrêt au poste de gendarmerie ou de police selon la mention écrite

 Fin de limitation de vitesse

  Fin d'interdiction de dépasser

Fin de toutes les interdictions
signalées précédemment,
imposées aux véhicules
en mouvement
Les interdictions concernant
l'arrêt et le stationnement ne
prennent donc pas fin avec
ce panneau

ZONES :

Zone à
vitesse limitée
à 30km/h

Zone de Circulation
Restreinte (ZCR)
Pour rentrer dans
une ZCR, le véhicule
doit être muni
d'une vignette
Crit'Air

Sortie de
zone "30"

Sortie de ZCR

PANNEAUX D'OBLIGATION

Les panneaux qui imposent une obligation interdisent d'autres comportements : l'obligation d'emprunter
une direction implique l'interdiction d'en suivre une autre, etc.

B21-1
Obligation de tourner à droite
avant le panneau.

B21-2
Obligation de tourner à
gauche avant le panneau.

Contournement obligatoire par
la droite

Contournement obligatoire par
la gauche

Direction obligatoire à la
prochaine intersection : tout
droit

Direction obligatoire à la
prochaine intersection : à
droite

Direction obligatoire à la
prochaine intersection : à
gauche

Directions obligatoires à la
prochaine intersection : tout
droit ou à droite

Directions obligatoires à la
prochaine intersection : tout
droit ou à gauche

Directions obligatoires à la
prochaine intersection : à
droite ou à gauche

Piste ou bande obligatoire
pour les cycles sans side-car
ou remorque

Chemin obligatoire pour
piétons

Chemin obligatoire pour
cavaliers

Vitesse minimale obligatoire

Chaînes à neige obligatoires
sur au moins deux roues
motrices

Voie réservée aux véhicules
des services réguliers de
transport en commun

Voie réservée aux tramways

Panneaux de fin d'obligation :

Fin de chemin obligatoire pour
piétons

Fin de chemin obligatoire pour
cavaliers

Fin de vitesse minimale
obligatoire

Fin d'obligation de l'usage des
chaînes à neige

Fin de voie réservée aux
véhicules des services
réguliers de transport en
commun

Fin de voie réservée aux
tramways

Fin d'obligation dont la nature
est mentionnée par une
inscription sur le panneau

Fin de piste ou bande
obligatoire pour cycle

PANNEAUX DE ZONE

 Entrée d'une zone à stationnement de durée limitée

 Entrée d'une zone à stationnement payant

 Entrée d'une zone à stationnement unilatéral à alternance semi-mensuelle et à durée limitée

 Entrée d'une zone à vitesse limitée à 30 km/h

 Sortie de zone à stationnement interdit

 Sortie de zone à stationnement unilatéral à alternance semi-mensuelle

 Sortie de zone à stationnement de durée limitée avec contrôle par disque

 Sortie de zone à stationnement payant

 Sortie de zone à stationnement unilatéral à alternance semi-mensuelle et à durée limitée avec contrôle par disque

 Entrée d'une zone à stationnement interdit

 Entrée d'une zone à stationnement unilatéral à alternance semi - mensuelle

 Sortie d'une zone à vitesse limitée à 30 km/h

PANNEAUX D'INDICATION

 Lieu aménagé pour le stationnement payant.

 Risque d'incendie.

 Vitesse conseillée. Ce panneau indique la vitesse à laquelle il est conseillé de circuler si les circonstances le permettent et si l'usager n'est pas tenu de respecter une vitesse inférieure spécifique à la catégorie de véhicule qu'il conduit. En toutes circonstances, l'usager doit rester maître de sa vitesse, conformément à l'article R 413-17 du code de la route.

 Fin de vitesse conseillée

 Station de taxis. L'arrêt et le stationnement y sont réservés aux taxis en service ; le marquage approprié signale l'étendue de cette réservation.

 Arrêt d'autobus. L'arrêt et le stationnement des autres véhicules sont interdits, sur une étendue signalée par le marquage approprié.

 Arrêt de tramway. L'arrêt et le stationnement y sont réservés aux tramways

 Emplacement d'arrêt d'urgence. L'emplacement constitué par un aménagement ponctuel de l'accotement est réservé aux arrêts d'urgence.

 Circulation à sens unique

 Impasse.

 Présignalisation d'une impasse.

 Présignalisation de la praticabilité d'une section de route. Ce panneau signale qu'une section de route est ouverte ou fermée à la circulation publique. En cas d'ouverture, il précise, le cas échéant, les conditions particulières d'équipement auxquelles sont soumis les véhicules en circulation.

 Lieu aménagé pour le stationnement.

 Lieu aménagé pour le stationnement gratuit à durée limitée avec contrôle par un dispositif approprié.

Présignalisation de la praticabilité d'une section de route. Ce panneau signale qu'une section de route est ouverte ou fermée à la circulation publique. En cas d'ouverture, il précise, le cas échéant, les conditions particulières d'équipement auxquelles sont soumis les véhicules en circulation.

 Présignalisation de la praticabilité d'une section de route. Ce panneau signale qu'une section de route est ouverte ou fermée à la circulation publique. En cas d'ouverture, il précise, le cas échéant, les conditions particulières d'équipement auxquelles sont soumis les véhicules en circulation.

 Présignalisation de la praticabilité d'une section de route. Ce panneau signale qu'une section de route est ouverte ou fermée à la circulation publique. En cas d'ouverture, il précise, le cas échéant, les conditions particulières d'équipement auxquelles sont soumis les véhicules en circulation.

 Priorité par rapport à la circulation venant en sens inverse

 Passage pour piétons.

 Traversée de tramways.

 Stationnement réglementé pour les caravanes et les autocaravanes.

 Conditions particulières de circulation par voie sur la route suivie. Les panneaux C24a y indiquent les conditions particulières de circulation telles que nombre de voies, sens de circulation par voie, ou indications concernant une ou plusieurs voies de la chaussée.

 Conditions particulières de circulation par voie sur la route suivie. Les panneaux C24a y indiquent les conditions particulières de circulation telles que nombre de voies, sens de circulation par voie, ou indications concernant une ou plusieurs voies de la chaussée.

 Conditions particulières de circulation par voie sur la route suivie. Les panneaux C24a y indiquent les conditions particulières de circulation telles que nombre de voies, sens de circulation par voie, ou indications concernant une ou plusieurs voies de la chaussée.

 Conditions particulières de circulation par voie sur la route suivie. Les panneaux C24a y indiquent les conditions particulières de circulation telles que nombre de voies, sens de circulation par voie, ou indications concernant une ou plusieurs voies de la chaussée.

 Voies affectées. Les panneaux C24b indiquent les voies affectées à l'approche d'une intersection.

 Voies affectées. Les panneaux C24b indiquent les voies affectées à l'approche d'une intersection.

 Réduction du nombre de voies sur une route à chaussées séparées ou sur un créneau de dépassement à chaussées séparées.

 Présignalisation d'un créneau de dépassement ou d'une section de route à chaussées séparées.

 Conditions particulières de circulation sur la route ou la voie embranchée. Les panneaux C24c y indiquent les conditions particulières de circulation telles que nombre de voies, sens de circulation par voie, ou indications concernant une ou plusieurs voies de la chaussée embranchée.

 Conditions particulières de circulation sur la route ou la voie embranchée. Les panneaux C24c y indiquent les conditions particulières de circulation telles que nombre de voies, sens de circulation par voie, ou indications concernant une ou plusieurs voies de la chaussée embranchée.

 Indication aux frontières des limites de vitesse sur le territoire français.

 Rappel des limites de vitesse sur autoroute.

 Voie de détresse à droite.

 Voie de détresse à gauche.

 Surélévation de chaussée.

 Réduction du nombre de voies sur une route à chaussées séparées ou sur un créneau de dépassement à chaussées séparées.

 Réduction du nombre de voies sur une route à chaussées séparées ou sur un créneau de dépassement à chaussées séparées.

Section de route à trois voies affectées "une voie dans un sens et deux voies dans l'autre".

 Fin d'un créneau de dépassement à trois voies affectées.

 Indications diverses

 Présignalisation du début d'une section routière ou autoroutière à péage. L'usager ne désirant pas s'engager sur la section routière ou autoroutière à péage peut changer de direction à l'intersection suivante.

 Présignalisation d'une gare de péage permettant le retrait d'un ticket de péage ou le paiement du péage

 Présignalisation d'une borne de retrait de ticket de péage

 Présignalisation du paiement du péage

 Paiement auprès d'un péagiste.

 Paiement par carte bancaire

 Paiement automatique par pièces de monnaie

 Paiement par abonnement. La voie est réservée aux usagers abonnés

 Paiement par abonnement. La voie est réservée aux usagers abonnés

 Présignalisation d'une aire de service ou de repos sur autoroute

 Présignalisation d'une aire de service ou de repos sur route à chaussées séparées

 Route à accès réglementé. Ce signal annonce le début d'une section de route autre qu'une autoroute, réservée à la circulation automobile sur laquelle les règles de circulation sont les mêmes que celles prescrites aux articles R.412-8, R.417-10, R.421-2 (à l'exception de 9°), R.421-4 à R.421-7, R.432-1, R.432-3, R.432-5, R.432-7 et R.433-4. 1° du code de la route et sur laquelle, sauf indication contraire, la vitesse maximale des véhicules est fixée à 110 km/h.

 Fin d'une section d'autoroute. Ce signal annonce la fin de l'application des règles particulières de circulation sur autoroute.

 Fin de route à accès réglementé.

 Aire piétonne. Ce signal délimite le début d'une zone affectée à la circulation des piétons et des cyclistes roulant à l'allure du pas, à l'intérieur du périmètre de laquelle la circulation et le stationnement des véhicules automobiles sont réglementés.

 Fin d'aire piétonne. Ce signal indique la fin des réglementations édictées par le panneau C109

 Piste ou bande cyclable conseillée et réservée aux cycles à deux ou trois roues. Ce signal indique que l'accès à une piste ou à une bande cyclable est conseillé et réservé aux cycles à deux ou trois roues et indique aux piétons et aux conducteurs des autres véhicules qu'ils n'ont pas le droit d'emprunter cet aménagement ni de s'y arrêter.

 Fin d'une piste ou d'une bande cyclable conseillée et réservée aux cycles à deux ou trois roues. Ce signal indique la fin de la réglementation édictée par le panneau C113.

 Début d'une section d'autoroute. Ce signal annonce le début de l'application des règles particulières de circulation sur autoroute.

PANNEAUX D'INDICATION DE SERVICE

Les panneaux de signalisation de services fournissent des informations sur la disponibilité ou la proximité de services et d'installations qui peuvent être utiles aux conducteurs et autres usagers de la route.

Installations ou services divers

 Poste de secours

 Poste d'appel d'urgence

 Cabine téléphonique publique

 Informations relatives aux services ou activités touristiques

 Panneau d'information service faisant partie du relais d'information service

 Terrain de camping pour tentes

 Terrain de camping pour caravanes et autocaravanes

 Terrain de camping pour tentes, caravanes et autocaravanes.

 Auberge de jeunesse

 Chambre d'hôtes ou gîte

 Point de départ d'un itinéraire pédestre

 Point de départ d'un circuit de ski de fond

 Emplacement pour pique-nique

 Gare auto / train

 Embarcadère

 Toilettes ouvertes au public

 Installations accessibles aux personnes handicapées à mobilité réduite

 Poste de distribution de carburant ouvert 7 jours sur 7 et 24 heures sur 24

 Poste de distribution de carburant ouvert 7 jours sur 7 et 24 heures sur 24 assurant le ravitaillement en gaz de pétrole liquéfié (G.P.L.).

 Marque du poste de distribution de carburant ouvert 7 jours sur 7 et 24 heures sur 24

 Marque du poste de distribution de carburant ouvert 7 jours sur 7 et 24 heures sur 24 assurant également le ravitaillement en gaz de pétrole liquéfié (G.P.L.).

 Restaurant ouvert 7 jours sur 7

 Hôtel ou motel ouvert 7 jours sur 7

 Débit de boissons ou établissement proposant des collations sommaires ouvert 7 jours sur 7

 Emplacement de mise à l'eau d'embarcations légères

 Gare de téléphérique

 Point de départ d'un télésiège ou d'une télécabine

 Point de vue

 Fréquence d'émission d'une station de radiodiffusion dédiée aux informations sur la circulation routière et l'état des routes

 Jeux d'enfants

 Station de vidange pour caravanes, auto-caravanes et cars

 Distributeur de billets de banque

 Station de gonflage, hors station service, dont l'usage est gratuit

 Point de détente

 Poste de dépannage

Moyen de lutte contre l'incendie

 Issue de secours vers la droite

 Issue de secours vers la gauche

PANNEAUX DE DIRECTION

Les panneaux de direction orientent le conducteur en indiquant les intersections à venir, les villes accessibles, ainsi que le type et le numéro des routes empruntées.

Les routes sont réparties en différentes catégories, selon l'administration responsable de leur gestion. Elles sont identifiables par un cartouche placé au-dessus ou un encart intégré. La couleur, la lettre et le numéro permettent de les reconnaître sur les cartes routières, avec le cartouche au-dessus des panneaux et l'encart inclus dans ceux-ci.

 Installations ou services divers

 Panneau de position comportant une indication de distance

 Panneau de position comportant une indication de distance

 Panneau de position comportant une indication de distance

 Panneau de position ne comportant pas d'indication de distance

 Panneau de position destiné à signaler les lieux-dits et les fermes comportant ou non une indication de distance

 Panneau de position destiné à signaler les lieux-dits et les fermes comportant ou non une indication de distance

 Panneau de signalisation avancée de sortie non numérotée

 Panneau de signalisation avancée de sortie numérotée

 Panneau de signalisation avancée de sortie non numérotée

 Panneau de signalisation avancée de bifurcation autoroutière

 Panneau de signalisation avancée d'aire sur route

 Panneau de signalisation avancée d'aire sur route

 Panneau de signalisation avancée d'aire sur autoroute

 Panneau de signalisation avancée d'affectation de voies de sortie numérotée

 Panneau de signalisation avancée d'affectation de voies de sortie non numérotée

 Panneau de signalisation avancée d'affectation de voies de bifurcation autoroutière

 Panneau de signalisation avancée d'affectation de voies de sortie numérotée

 Panneau de signalisation avancée d'affectation de voies de sortie non numérotée

 Panneau de signalisation avancée d'affectation de voies de bifurcation autoroutière

 Panneau de signalisation avancée d'affectation de voie d'aire sur route

 Panneau de signalisation avancée d'affectation de voies de sortie non numérotée

 Panneau de signalisation avancée d'affectation de voie d'aire sur autoroute

Aire du Cézallier — Panneau de signalisation avancée d'affectation de voie d'aire sur autoroute

Panneau de présignalisation de sortie numérotée

Panneau de présignalisation de sortie non numérotée

Panneau de présignalisation de bifurcation autoroutière

 Panneau de présignalisation diagrammatique des carrefours complexes

 Panneau de présignalisation diagrammatique à sens giratoires

 Panneau de présignalisation diagrammatique à sens giratoires

 Panneau de présignalisation diagrammatique à sens giratoires

 Panneau de présignalisation courante des carrefours

 Panneau de présignalisation d'affectation de voies de sortie numérotée.

 Panneau de présignalisation d'affectation de voies de sortie non numérotée

 Panneau de présignalisation d'affectation de voies de bifurcation autoroutière

 Panneau de présignalisation d'affectation de voies de sortie numérotée

 Panneau de présignalisation d'affectation de voies de sortie non numérotée

 Panneau de présignalisation d'affectation de voies de bifurcation autoroutière

 Panneau d'avertissement de sortie simple

 Panneau d'avertissement de sortie simple donnant également accès à une aire de service ou de repos

 Panneau d'avertissement de sorties rapprochées

 Panneau d'avertissement de sorties rapprochées, dont l'une donne également accès à une aire de service ou de repos

 Panneau d'avertissement de bifurcation autoroutière simple

 Panneau d'avertissement de bifurcation autoroutière et de sorties rapprochées

 Panneau d'avertissement de sortie avec affectation de voies

 Panneau d'avertissement de sortie donnant également accès à une aire de service ou de repos, avec affectation de voie

 Panneau d'avertissement de bifurcation autoroutière avec affectation de voies

 Panneau de confirmation courante utilisé sur route

 Panneau de confirmation courante utilisé sur autoroute

 Panneau de confirmation de filante utilisé sur route à chaussées séparées

 Panneau de confirmation de filante utilisé sur autoroute

 Panneau de confirmation de filante avec flèche(s) d'affectation verticale(s), utilisé sur autoroute

 Panneau de confirmation de filante avec flèche(s) d'affectation coudée(s), utilisé sur autoroute

 Panneau de confirmation de la prochaine sortie

 Panneau d'annonce de la prochaine bifurcation autoroutière

 Panneau de confirmation courante de bifurcation autoroutière.

 Panneau de fin d'itinéraire " S "

 Panneau de fin d'itinéraire " Bis "

 Panneau de signalisation complémentaire de sortie. Il est destiné à informer l'usager des destinations desservies par la prochaine sortie, pour lesquelles la continuité du jalonnement n'est plus assurée

Panneau de signalisation complémentaire des différentes sorties desservant une agglomération

 Panneau de présignalisation complémentaire de sortie

 Panneau de présignalisation complémentaire de bifurcation autoroutière comportant des numéros d'autoroutes

 Panneau de présignalisation complémentaire de bifurcation autoroutière ne comportant pas de numéros d'autoroutes

suivre **S1** Panneau de signalisation complémentaire d'itinéraire " S "

 Panneau de signalisation complémentaire d'itinéraire " Bis "

S.O.S. 400 m Jalonnement piétonnier d'un poste d'appel d'urgence vers la droite

400 m S.O.S. Jalonnement piétonnier d'un poste d'appel d'urgence vers la gauche

 Jalonnement piétonnier d'une issue de secours vers la droite

PANNEAUX DE LOCALISATION

la méridienne verte Localisation de tous les lieux traversés par la route pour lesquels il n'existe pas de panneau spécifique

Col de Diane Alt. 1401 m Localisation de tous les lieux traversés par la route pour lesquels il n'existe pas de panneau spécifique

Vallée de Chaudefour Localisation de tous les lieux traversés par la route pour lesquels il n'existe pas de panneau spécifique

Pont de Pierre Localisation de tous les lieux traversés par la route pour lesquels il n'existe pas de panneau spécifique

LA PART-DIEU Localisation de tous les lieux traversés par la route pour lesquels il n'existe pas de panneau spécifique

Forêt de Fontainebleau Localisation de tous les lieux traversés par la route pour lesquels il n'existe pas de panneau spécifique

La Couze Pavin Localisation d'un cours d'eau

PARC NATIONAL de la VANOISE Localisation d'un parc national, d'un parc naturel régional, d'une réserve naturelle ou d'un terrain du Conservatoire du littoral et des rivages lacustres

Localisation d'un parc national, d'un parc naturel régional, d'une réserve naturelle ou d'un terrain du Conservatoire du littoral et des rivages lacustres

Appartenance d'une commune à un parc national, à un parc naturel régional, à une réserve naturelle ou à une zone du Conservatoire du littoral et des rivages lacustres.

Aire des Sapins Localisation d'une aire routière

N89 Aire des Sapins Fin de localisation d'une aire routière

Aire de La Fayette Localisation d'une aire autoroutière

A75 Aire de La Fayette Fin de localisation d'une aire autoroutière

département de Puy de Dôme Localisation d'une région administrative ou d'un département

D 28 CHAMPEIX Panneau de sortie d'agglomération

 Parc de stationnement

 Parc relais : parc de stationnement assurant la liaison vers différents réseaux de transport en commun

 Aéroport

 Hôpital ou clinique assurant les urgences

 Hôpital ou clinique n'assurant pas les urgences

S.O.S. Poste d'appel d'urgence

Poste d'appel téléphonique

 Relais d'information service

SIGNALISATION TEMPORAIRE

Les panneaux utilisés pour signaler des travaux ou des obstacles temporaires sont à fond jaune. Ils sont triangulaires et sont implantés comme les panneaux de danger à fond blanc.

 Cassis, dos d'âne

 Chaussée rétrécie

 Chaussée glissante

 Travaux. Ce panneau impose aux usagers le respect d'une règle élémentaire de prudence consistant à prévoir la possibilité d'avoir à adapter leur vitesse aux éventuelles difficultés du passage en vue d'assurer leur propre sécurité, celle des autres usagers de la route et celle du personnel du chantier

 Autres dangers. La nature du danger peut ou non être précisée par une inscription

 Annonce de signaux lumineux réglant la circulation

 Projection de gravillons

 Bouchon

 Accident

 Fanion. Signalisation d'un obstacle temporaire de faible importance

 Barrages. Signalisation de position de travaux ou de tout autre obstacle de caractère temporaire

 Barrages. Signalisation de position de travaux ou de tout autre obstacle de caractère temporaire

 Dispositif conique. Signalisation de position des limites d'obstacles temporaires

 Piquet. Signalisation de position des limites d'obstacles temporaires

 Balise d'alignement. Signalisation de position des limites d'obstacles temporaires

 Balise de guidage. Signalisation de position des limites d'obstacles temporaires

 Signal de position d'une déviation ou d'un rétrécissement temporaire de chaussée

 Signal de position d'une déviation ou d'un rétrécissement temporaire de chaussée

 Signal servant à régler manuellement la circulation

 Ruban. Signal de délimitation de chantier

 Portique. Signal de présignalisation de gabarit limité

 Indication de chantier important ou de situations diverses

 Indication de chantier important ou de situations diverses

 Présignalisation de changement de chaussée

 Présignalisation de changement de chaussée

 Présignalisation de changement de chaussée

 Présignalisation de changement de chaussée

 Affectation de voies

 Affectation de voies

 Affectation de voies

LA SIGNALISATION

 Indication de chantier important ou de situations diverses

 Présignalisation de changement de chaussée

 Présignalisation de changement de chaussée

 Présignalisation de changement de chaussée

 Présignalisation de changement de chaussée

 Affectation de voies

 Affectation de voies

 Affectation de voies

 Affectation de voies

 Annonce de la réduction du nombre des voies laissées libres à la circulation sur routes à chaussées séparées

 Annonce de la réduction du nombre des voies laissées libres à la circulation sur routes à chaussées séparées

Annonce de la réduction du nombre des voies laissées libres à la circulation sur routes à chaussées séparées

 Direction de déviation avec mention de la ville

 Direction de déviation avec mention de la ville

 Direction de déviation

 Direction de déviation

Direction de déviation

Question 1 / 10

Ce panneau indique que la première sortie se situe à 37 km

A: Oui   B: Non

Question 2 / 10

Dans cette situation :

-je quitte une agglomération

A: Oui   B: Non

-j'entre dans un département

C: Oui   D: Non

Question 3 / 10

J'ai un appel urgent à passer. Je m'arrête à droite :

- à cheval sur le trottoir

A: Oui   B: Non

- complètement sur le trottoir

C: Oui   D: Non

Question 4 / 10

Je circule sur une route :

A: Nationale

B: Départementale

Question 5 / 10

Ce panneau indique :

A: Une autoroute

B: Une chaussée à sens unique

Question 6 / 10

L'itinéraire annoncé est un itinéraire de déviation

A: Oui   B: Non

Question 7 / 10

Le danger annoncé par ces panneaux se trouve à environ

A: 50 mètres

B: 150 mètres

Question 8 / 10

Dans 120 mètres, je vais rencontrer une intersection :

A: Oui   B: Non

Question 9 / 10

Dans cette rue, la vitesse est limitée à 50 km/h pour les véhicules de plus de 4 tonnes uniquement

A: Oui   B: Non

Question 10 / 10

Mon passager fait un malaise, je choisis de m'arrêter :

A: avant le panneau

B: après le panneau

Q1 : B / Ce panneau indique qu'à 1500 mètres je vais rencontrer la sortie n°37 et la sortie n°36.

Q2 : A et C/ J'ai aperçu deux panneaux : celui du haut m'indiquait que je quitte une agglomération, celui du bas que j'entre dans un département, l'Ain.

Q3 : B et D/ Même urgent, un appel ne doit pas me faire oublier les règles et la sécurité : il est interdit et dangereux de s'arrêter à cheval ou complètement sur un trottoir. Je continue et je trouve un emplacement où je pourrai m'arrêter en sécurité sans gêner d'autres usagers.

Q4 : A / La balise située en dessous du panneau indique que je circule sur la N489, donc sur une route nationale.

Q5 : C / Ce panneau annonce l'entrée sur une route à accès réglementé. Certains usagers ne sont pas autorisés à circuler sur ce type de route.

Q6 : B / Comme indiqué sur l'encart noir, l'itinéraire annoncé est un itinéraire de substitution puisqu'il est indiqué par la lettre « S ».

Q7 : B/ Ces panneaux de danger indiquant des travaux sur la chaussée annoncent un danger situé à environ 150 mètres puisque nous sommes hors agglomération.

Q8 : A/ Ce panneau indique que dans 120 mètres, je vais arriver à hauteur d'une intersection qui est un carrefour à sens giratoire.

Q9 : B / Cet ensemble de panneaux indique deux interdictions. Le panneau situé en haut interdit de dépasser 50 km/h et celui du bas interdit l'accès aux véhicules de plus de 4 tonnes

Q10 : B / Même si mon passager fait un malaise, je choisis de m'arrêter après le panneau afin de gêner le moins possible la circulation.

CONCLUSION

Apprendre à conduire et à maîtriser le code de la route est bien plus qu'une simple formalité pour obtenir un permis. C'est une démarche citoyenne, un engagement envers soi-même et envers les autres pour garantir une conduite sûre, responsable et respectueuse des règles.

Ce livre a été conçu pour vous accompagner dans cette aventure, en vous offrant les outils essentiels pour comprendre et appliquer les règles de la route. En vous préparant minutieusement, vous augmentez vos chances de réussir votre examen et, surtout, vous posez les bases d'une conduite confiante et sereine.

Souvenez-vous que la route est un espace partagé, où chaque conducteur joue un rôle dans la sécurité de tous. Adopter une conduite prudente, respecter les priorités et être attentif aux autres usagers, qu'ils soient piétons, cyclistes ou automobilistes, est le gage d'une circulation harmonieuse et sans danger.

Que ce livre soit pour vous un guide non seulement pour passer votre examen, mais aussi pour devenir un conducteur exemplaire, contribuant à rendre nos routes plus sûres. Bonne chance dans votre apprentissage, et bienvenue sur la route !

Made in the USA
Las Vegas, NV
06 December 2024

13474430R10075